Manfred Blechschmidt

Vogtland
Sachsens grünes Herzstück

Ein Landschaftsbuch

Husum

Fotos von Christoph Georgi, Schneeberg

Umschlagbilder (v. l. n. r.): Blumenreiche Sommerwiese, Nachbildung der Erdkugel auf Pausas Rathaus, Die Göltzschtalbrücke, Schloß Rodewisch, Kapellenberg und Dorf Schönberg
Die Lithographie von Schloß Voigtsberg (S. 59) wurde mit freundlicher Genehmigung des Teppich- und Heimatmuseums Schloß Voigtsberg, Oelsnitz/Vogtland abgedruckt.

Die Deutsche Bibliothek – CIP-Einheitsaufnahme

Blechschmidt, Manfred:
Vogtland – Sachsens grünes Herzstück : ein Landschaftsbuch /
Manfred Blechschmidt. – Husum : Husum Druck- und Verlagsges.,
1995
ISBN 3-88042-662-7

© 1995 by Husum Druck- und Verlagsgesellschaft mbH u. Co. KG,
Husum
Satz: Fotosatz Husum GmbH
Druck und Verarbeitung: Husum Druck- und Verlagsgesellschaft
Postfach 1480, D-25804 Husum
ISBN 3-88042-662-7

Wie es Menschen gibt, von welchen man, hat man sie einmal liebgewonnen, nie wieder lassen kann, so geht es uns mit Ortschaften und Gegenden. Es sind gewöhnlich solche, in welchen sich eine bestimmte Gemütsstimmung ausdrückt. Zu diesen gehört das vogtländische Hügelland an der Abdachung des sächsischen Erzgebirges mit seinen Waldeinsamkeiten, in welche gar schmale Wiesentäler, oft nur wie grüne Streifen, mit hier und dort weit, gar weit auseinanderliegenden kleinen verirrten Häusern sich hineinverlieren und stundenweit den Blick nach sich ziehen, als müßte dort weit hinten in der Ferne, unter den harztropfenden Tannen, dort, wo die Berge terrassenartig in dunkler Bläue emporsteigen, irgendein Geheimnis verborgen sein, das uns an sich lockt und sich uns gern enthüllen möchte . . .

Julius Mosen
Aus: „Erinnerungen"

Sachsens „grünes Herzstück" stellt sich vor

Das Vogtland wird gerne „Sachsens grünes Herzstück" genannt. Seinem Ursprung nach ist es ein politisches Territorium. Später wurde der Begriff zu einer Landschaftsbezeichnung. Es ist Sachsens südlicher und südwestlicher Teil, ein Gebiet, mehr wellig, hügelig als bergig. Nur in den Lagen um Schöneck, Klingenthal, hat es Gebirgscharakter.

Weite Wiesen- und Ackerflächen wechseln miteinander ab, von Baum- und Strauchgruppen durchsetzt oder von Wäldern umschlossen. In die Landschaft eingebettet liegen die Dörfer, oft an Wasserläufe gerückt. Industriereich sind die Städte. Neben der Landwirtschaft leben die Bewohner von der Textil- und Bekleidungsindustrie, von der Herstellung von Teppichen, Musikinstrumenten, vom Maschinenbau und dem Fremdenverkehr. Bekannt wurde das Vogtland durch seine Spitzen, Stickereierzeugnisse und Gardinen. Geschätzt sind weltweit Vogtlands Heilquellen und Bäder. Acht Gemeinden sind anerkannte Kur- und Erholungsorte. Durch die Schneesicherheit gehören die höheren Lagen zu den gernbesuchten Wintersportgebieten, wegen der ausgedehnten Wälder bevorzugen Wanderlustige das Gebiet. Durch mehrere Talsperren bietet die Landschaft auch den Wassersportlern viele Möglichkeiten. Die Bewohner sprechen im Alltag ihre Mundart und konnten sich überlieferte Sitten und Bräuche bis in die Gegenwart bewahren.

Morphologisch gleicht das Vogtland dem Erzgebirge. Die gewaltige Scholle

„Wegen der ausgedehnten Wälder bevorzugen Wanderlustige das Gebiet..."

wurde lediglich weniger stark angehoben und gekippt. Am stärksten geschah das am Südrand des Elstergebirges. Dort steigen die Höhen bis zu 760 Meter an. Sonst aber herrschen weitverbreitet Rumpfflächen vor, die allmählich zum Norden zu abfallen. In diese Richtung fließen die meisten vogtländischen Gewässer, allen voran die Weiße Elster und die Trieb.

Das Klima des Vogtlandes ist nicht ganz einheitlich. Es wird beeinflußt durch die unterschiedliche Höhenlage und durch die morphologischen Gegebenheiten. Nehmen vom Norden zum Süden hin die Temperaturen ab, so ist es bei den Niederschlägen umgekehrt. Die günstigsten klimatischen Verhältnisse herrschen in der Plauener Gegend.

*

Bei klarem Wetter kann man vom Landwüster Wirtsberg, vom Schönecker Alten Söll oder vom Kuhberg bei Netzschkau nahezu die ganze Landschaft überblicken. Wer sich die Mühe macht, alle drei Berge abzufahren, hat den

„In die Landschaft eingebettet liegen die Dörfer ...“

Gewinn, an einem Nachmittag das ganze Vogtland gesehen, richtiger eigentlich „übersehen", zu haben. Das kann man sonst nur von einem Flugzeug aus in ein paar tausend Meter Höhe. Derartige Panoramen wissen von keinen Grenzen, keinen landschaftlichen, geschweige verwaltungsmäßigen, in Atlanten mit Schraffuren oder dicken Linien gekennzeichnet. Denn auch außerhalb Sachsens gibt es Vogtland, ein thüringisches, bayrisches und böhmisches.

In der Gegend fand man aus der älteren und mittleren Steinzeit Werkzeuge, die eine frühe Besiedlung und menschliche Tätigkeit belegen, wie die Kernstücke von Altensalz oder die Flachhacke von Reichenbach. Am Eisenberg bei Jocketa machte man Funde aus der jüngeren Bronzezeit, und ein keltisches Grab fand sich bei Liebau.

Die vogtländische Besiedlungsgeschichte beginnt im 6. Jahrhundert mit dem Auftreten der Slawen. Als 531 das Königreich Thüringen der Hermunduren von den Franken erobert wurde, konnten sie nach Westen bis an die Saale und Elbe vordringen. Sie kamen in dünnbesiedeltes Land und wurden ansässig, wo sich die günstigsten Bedingungen ergaben. Nahezu lückenlos erstreckten sich die slawischen Dörfer über die vogtländische Devonlandschaft. Das Vogtland war zu einem deutsch-slawischen Grenzgebiet geworden. Erst unter Karl dem Großen (742–814) konnte die slawische Landnahme unterbunden werden.

Seit dem 10. Jahrhundert beginnt die deutsche Ostkolonisation. In zwei Siedlungsströmen wurde durch fränkische und oberpfälzische Bauern slawisch besetztes Land zurückerobert und die eigentliche Geschichte des Vogtlandes eingeleitet. Die Siedler begnügten sich nicht allein mit dem durch die Slawen erschlossenen Boden, sie drangen in das Waldland ein und gingen zur Rodung über. Am Ende des 14. Jahrhunderts war der größte Teil des Vogtlandes erschlossen und besiedelt. Lediglich in den unwegsameren Walddistrikten des Südostens sind Siedlungen erst in späterer Zeit entstanden.

Seit dem 11. Jahrhundert sichern kaiserliche Beamte, Vögte geheißen, dieses politisch wichtige Übergangsgebiet zwischen Sachsen, Bayern, Thüringen und Böhmen. Jedoch streckten bald gewichtige Herren ihre Hand danach aus, König Karl IV. von Böhmen und die Markgrafen von Meißen. Nur den Norden und Westen behielten die ursprünglichen Herren. Der Südosten kam an Böhmen, der Südwesten an die Burggrafen von Nürnberg, der Hauptanteil an die Markgrafen von Meißen, die späteren Kurfürsten von Sachsen.

*

Das ist schon eine Rarität! Das Vogtland ist ein Land, das in vier Ländern liegt! Streit um die Ganzheit dieser Viertel gab es früher genug. Längst ist man des Streitens müde; und der Stacheldrahtzaun, der die einen von den anderen

Vogtländern trennte, ist zum längsten Museumsgut der Welt geworden! Jeder der Anrainer ist mit seinem Teil zufrieden. Der Eigentumsverhältnisse und auch sonst der Unterscheidung wegen, fügt man bei, was rechtens ist: „sächsisches", „bayrisches", „böhmisches", „thüringisches" Vogtland.

Die einzelnen Viertel sind ungleich groß. Das größte von ihnen liegt in Sachsen mit 1513 Quadratkilometern. Vom Süden zum Norden gemessen, vom Kapellenberg bis nach Neumark, sind das 55,5 Kilometer und vom Westen zum Osten, von Langenbach bei Mühltroff bis zum Hochmoor Kranichsee, 54 Kilometer. Das ist ein Zehntel des sächsischen Freistaates.

Allgemein gilt das Vogtland als landschaftliches Bindeglied zwischen dem Erzgebirge und dem Fichtelgebirge, Frankenwald und Thüringer Wald, also zwischen den wichtigsten Mittelgebirgen im Zentrum Deutschlands.

In einem flachen Wiesental, 4 Kilometer von Regnitzlosau entfernt, kommt der böhmische Zinnbach mit dem sächsischen Wolfs- oder Schwammbach zusammen. Bar jeder Sprachschwierigkeiten, wandern sie gemeinsam als Regnitzbach hinein ins Bayernland und münden schließlich in die Saale. An der Grenze, wo sich die beiden treffen, liegt eine geographisch wichtige Stelle, das „Dreiländereck", der Treffpunkt der Grenzen der ehemaligen Königreiche Sachsen, Bayern und Böhmen. Von ihm erzählt die Sage: Vor Zeiten saßen hier die drei Könige zusammen, nicht die aus dem Morgenlande, die von Sachsen, Bayern und Böhmen, und hielten ihr „Dreikönigstreffen". Jeder saß auf dem majestätischen Stuhl, aber in seinem Land.

Nachdem man beraten hatte, so will die Sage weiter wissen, ließ sich jeder Herrscher mit der Spezialität seines Landes bewirten. Dem Sachsenkönig wurde Schweinebraten, Sauerkraut mit grünen Klößen gebracht und Blümchenkaffee dazu. Der König von Bayern aß Geselchtes mit Leberknödel und trank dazu sein Maß Gerstensaft und Böhmens Landesvater verspeiste Backhändl mit Hefewickel und ergötzte sich an Moldauwein.

Etwa 6 Kilometer nördlich von Eichigt liegt das „Dreibistumseck". Es ist die Stelle, an der sich bis zur Reformation im Jahre 1529 die Diözesen Bamberg, Regensburg und Naumburg berührten. Die St. Lorenzkirche in Hof, das Vorzeigestück der Stadt, war die äußerste Niederlassung des Bistums Bamberg. In Waldsassen hatte Regensburg seine nördlichste Vertretung, und Naumburg besaß in der St. Johanniskirche in Plauen seinen südlichsten Posten.

Bei einem Tausch, im Jahre 1524 ausgehandelt, entstand ein etwa 8 Kilometer breiter Gebietsstreifen. Seine Gemeinden gehörten territorial nach Sachsen, blieben aber kirchenrechtlich bei Hof. Diese Teilung der Gewalten konnte auf die Dauer nicht gutgehen. Über die Jahrhunderte hinweg zankten sich die weltlichen und kirchlichen Würdenträger von hüben und drüben um Rechte und Seelen der Gemeinden, und das bis zum Jahre 1845! Noch heute heißen die Siedlungen in diesem Streifen Land die „Streitpfarreien".

*

Bei Lichte besehen, gehörte die Erwähnung des Vogtlandes auch in das Buch der Rekorde. Suche einen Landstrich weit und breit im deutschen Vaterland mit so vielen oder mehr Orten, deren Namen auf -grün enden! Das wäre vergebliche Mühe. Daß dies beim Vogtland kein Zufall ist oder gar auf die Einfallslosigkeit der Bewohner zurückgeht, das wissen die Siedlungsforscher. Sie belegen aus den Ortsnamen, daß es sich dabei um Rodesiedlungen handelt, die im Einzugsbereich der aus Franken und der Oberpfalz stammenden Bauern liegen. Eine gewisse Häufung von Ortsnamen mit dieser Endung gibt es nämlich auch im Frankenwald, Fichtelgebirge und Egerland. Das Vogtland schießt jedoch den Vogel ab! 61 Ortsnamen enden hier auf -grün. In der Auerbacher Gegend sind es allein 22: Schreiers-, Vogels-, Reumten-, Rebesgrün, Altmannsgrün, Wernesgrün, und wie sie noch alle heißen.

*

Fündig war das Vogtland allemal. Da wird von Bergwerken bei Oelsnitz berichtet, Falkenstein und Auerbach werden als Bergstädte erwähnt, vom Bergbau in der Plauener Gegend ist die Rede. Obwohl die Bergwerke seit dem 17. Jahrhundert zwischen Schöneck und Muldenberg florierten, blieb es einem Tuchhändler vorbehalten, in dieser Gegend Topase zu entdecken. Das Vogtland wußte unter seinen Bodenschätzen auch mit Gold aufzuwarten. Das waren keine Minen mit zehntausend und mehr Bergarbeitern. Es gab ein, zwei bescheidene Gruben auf Berggold. Eine davon lag im oberen Vogtland, dort, wo im 13. Jahrhundert die Wallfahrtskapelle St. Peter stand. Vor allem aber suchte man nach Seifengold im Schwemmland der Bäche. Noch im 19. Jahrhundert gab es zahlreiche Goldwäschen. Um zu diesem Gold zu gelangen, benötigte man keine große Technik. In eine flache Schüssel aus Holz oder Zinn füllte man das Schwemmland des Baches und schwenkte es so lange hin und her, bis Sand und Lehm fortgespült waren und die Goldkörnchen am Boden zurückblieben.

*

Wie überall im Osten Deutschlands, setzte nach der Wende auch im Vogtland ein großer Umschwung ein, der sich nicht allein auf politischem, wirtschaftlichem oder geistig-ideellem Gebiet vollzieht. Das Vogtland wurde wieder zur Übergangsbrücke zwischen hüben und drüben, zwischen Ost und West. Langgehegte Industrien und Gewerbe verlieren ihr Daseinsrecht, neue siedeln sich an oder tun sich auf. Die Häuser erhalten frische Fassaden, vor den Orten schießen die Gewerbegebiete aus dem Boden. Die Privatisierung der Landwirtschaft wird nicht nur das Gesicht der Landschaft, auch das des Dorfes verändern. Wohl kein Zeitabschnitt in der Geschichte dieser Landschaft hat in diesem Tempo jemals seinen Stempel so deutlich aufgedrückt. So wäre denn auch nicht verwunderlich, daß bereits morgen nicht mehr ist, was soeben noch als gegeben gilt.

Die alte Residenzstadt Greiz

Selbst wenn man lange sucht, findet man kaum einen anderen vogtländischen Ort mit einer so buntbewegten Geschichte, wie sie Greiz aufweisen kann, und ehrlicherweise muß man hinzufügen, einer solchen von kaum zu überbietender Kleinstaaterei.

Wo gibt es schon innerhalb einer Stadt zwei Schlösser, wo existierten zwei Residenzen nebeneinander? Das lockt Touristen herzu! Die einen begutachten die Schloßbauten oder durchstreifen die weiträumigen Parkanlagen in

„Greiz liegt eingebettet in einem landschaftlich reizvollen Talkessel . . .“

der Elsteraue, andere zieht das Sommerpalais an mit seinen Kunstsammlungen.

Geht man durch die Stadt, erreichen das Ohr fremde Laute, zuweilen klicken Fotoapparate. Von Hörenden umringt, erklärt ein Reiseführer. An der Blickrichtung der Gesellschaft läßt sich erkennen, wovon er soeben spricht. Der Verkehr steht der Touristen wegen nicht still. Motorengeräusch übertönt die Erklärungen. Ein heranrollendes großes Fahrzeug drängt die Gesellschaft zum Weitergehen. Wie gut ist es, daß die großen Fahrzeugpisten den Stadtkern meiden, die Bundesstraße 94, von Schleiz, Zeulenroda nach Reichenbach, Rodewisch, und die Bundesstraße 92, die Gera, Weida mit Plauen verbindet.

Greiz liegt eingebettet in einem landschaftlich reizvollen Talkessel, ausgestrudelt von der Weißen Elster mit ihren Nebenbächen. Über die Elsteraue steigt der Felsenkegel empor, der das Obere Schloß mit seinem Sechseckturm trägt, dem vermutlich ältesten Bauwerk der Stadt. Entlang des Schloßberges fädeln sich die Häuser eng aneinander. Krumm und winkelig verlaufen manche Straßen. Dabei war die Stadt einmal planmäßig angelegt worden, die Straßen in Rippenform, der Marktplatz als Dreieck. Nichts von der Enge drunten an der Elster! Im großen Schloßpark herrscht Weite, da läßt sich ausschreiten und verweilen.

In den Urkunden wird Greiz erstmals 1209 genannt. Der Name stammt aus dem Slawischen und heißt übersetzt soviel wie „befestigter Ort". Wenige Jahre später, 1225, wird dann urkundlich auch ein „castrum Greycz" erwähnt, das heutige Obere Schloß.

Mit dem Jahr 1240 beginnt für die junge Ansiedlung ein neuer Abschnitt der Geschichte: Greiz gelangt in den Besitz der Vögte von Weida und Plauen. Und bereits 1359 wird Geiz als Stadt bezeichnet.

Greiz hat sich rasch entwickelt. Das ist nicht ungewöhnlich, daß sich Bürger nahe eines festen Hauses niederlassen. Zumal dann, wenn stadtnahe eine wichtige Furt ist, wie hier die über die Elster. Haltende Lastfuhren bringen Waren oder nehmen sie mit. Nichts kann besser dem Warenaustausch dienen! Das ergab günstigen Nährboden für das Handwerk. Es waren vor allem Leinweber, Tuchmacher und Zeugfärber, die sich angezogen fühlten und eine Existenz fanden. Und bereits im 16. Jahrhundert schlossen sich die Greizer Handwerker zu Zünften zusammen.

Durch die eheliche Verbindung mit einer reußischen Fürstin entstand die sogenannte Reußische Herrschaft, die später durch Erbteilung in mehrere reußische Linien zerfiel.

Zum Schutze der Bewohner und ihrer Häuser wurde 1394 die Stadtmauer fertig. Als sie nach Jahrhunderten ihre Funktion verlor, bauten nach dem Stadtbrand von 1727 die Bürger aus den Steinen ihre Häuser. Nochmals kam Feuer über die Stadt, das war im Jahre 1802. Dabei wurde auch das Untere

Schloß, das Rathaus und die Stadtkirche ein Opfer der Flammen. Durch den Wiederaufbau nach der Katastrophe erhielt die Stadt im wesentlichen ihr heutiges Aussehen.

Im Verlauf des vorigen Jahrhunderts konnte sich Greiz zum Mittelpunkt der ostvogtländischen Textilindustrie entwickeln. Die Auflösung der Herrschaft Reuß und ihre Angliederung an das Land Thüringen übte auf die wirtschaftliche Entwicklung der Stadt eher einen günstigen als nachteiligen Einfluß aus.

*

Das Teilen muß den Reußen geradezu im Blute gelegen haben. Denn schon der Vogt Heinrich der Reiche, ein Zeitgenosse des Kaisers Friedrich Barbarossa, teilte seinen Besitz unter den Söhnen auf. Seit dieser Zeit gab es ein Haus Obergreiz und eines von Untergreiz. Damit nicht genug: Die Untergreizer teilten dann weiter in die Häuser Dölau und Burgk. Und hätten die Vertreter der beiden Hauptlinien durch den Familienkonvent von 1690 in Gera nicht beschlossen, weiterer Teilung entgegenzutreten, wer weiß, wie viele Kleinstaaten entstanden wären?

Die beiden Häuser Ober- und Untergreiz blieben auch weiterhin erhalten, und das bis zum Jahre 1768, als das Geschlecht der Untergreizer ausstarb und deren Besitz an Obergreiz fiel. Vielleicht wäre das heute vergessen und nicht erwähnenswert, stände nicht das Untere Schloß im Stadtbild, gewissermaßen als Denkmal deutscher Kleinstaaterei.

Die Zusammenführung der beiden Greizer Häuser ermöglichte Heinrich XI. seine geradezu sprichwörtliche Prachtentfaltung und sie brachte ihm auch seine Erhebung in den Reichsfürstenstand.

Zwischen den beiden Häusern ging es nicht immer friedvoll zu. Daran konnten auch die verwandtschaftlichen Verhältnisse nichts ändern. Da gab es Grenzstreitigkeiten, Gebietsansprüche, Auseinandersetzungen wegen der Wegebenutzung oder im Wasserrecht. Ein besonderer Zankapfel blieb die Stadt selbst. Denn ein Teil von ihr war obergreizisch, ein anderer untergreizisch und ein weiterer gemeinschaftlich. Dazu zählten vor allem Gebäude, die der gesamten Einwohnerschaft zugute kamen, die „aus der gemeinsamen aerario des Rates" zu erhalten waren, wie Rathaus, Röhrenbrunnen und der Pranger auf dem Marktplatz.

*

Durch die verschiedenen Herrschaften kam es innerhalb der Stadt zu mancherlei Kuriositäten. So war das Untere Tor keinem der beiden Häuser ausdrücklich zugesprochen worden. Auf der einen Seite standen untergreizerische, auf der anderen obergreizerische Häuser. In das an der Ostseite stehende Bäckerhaus ging man durch die obergreizerische Haustür hinein und schaute im nächsten Moment durch die untergreizerischen Fenster ins Freie.

Einen geradezu diplomatischen Notenaustausch, wie er sonst nur unter

Großmächten üblich ist, löste der Obergreizer Untertan Hanß Kühn aus Fröbersgrün aus. Ihn hatte man bei den Bauernunruhen im Jahre 1715 gefangengenommen. Da das Obergreizer Gefängnis überfüllt war, ersuchte man die Untergreizer darum, den Gefangenen überstellen zu dürfen. Daraufhin ließ der Untergreizer Rat Fickenweiler dem Obergreizer Kanzleidirektor Becker eine Note zustellen, in der er mitteilte, daß sein Landesherr zwar die Einwilligung gebe, aber wegen der Zwistigkeiten von 1709 und „der damals von Obergreizer Seite über besagte Fronfeste angemaßten Rechte" diese Einwilligung nicht als das geringste Zugeständnis aufzufassen sei. Erst nachdem die Obergreizer Herrschaft mit Brief und Siegel bekundete, daß dies nicht in Betracht komme, konnte der gefangene Bauer überstellt werden.

Als der erzgebirgische Räuber Nicol List mit seinen Kumpanen um 1690 gefangen worden war und dem Markgräflichen Bayrischen Beamten zu Hof ausgeliefert werden sollte, gab es deshalb Komplikationen, weil die Untergreizer Beamten dienstlich das Untere Tor nicht betreten durften. So mußten die Gefangenen erst an die Obergreizer übergeben werden, bevor sie in bayrische Hände gelangten.

*

Wie aus einer alten Handschrift des Klosters Bosau zu entnehmen ist, kamen die Fürsten zu Reuß auf sonderbare Weise zu ihrem Namen: An der Heerfahrt gegen die Sarazenen, an dem auch einige europäische Heerführer teilnahmen, war auch ein Rittersmann aus Gera. Während der Kämpfe wurden aber alle diese Vasallen von den Feinden gefangen.

Als nach zwölfjähriger Gefangenschaft russische Händler bei den Sarazenern Sklaven einkauften, war unter ihnen auch der Geraer Ritter. Nachdem er eine Zeitlang in Rußland gelebt hatte, mußte er bei einem Tatarenüberfall mit zu den Waffen greifen. Dabei geriet er in tatarische Gefangenschaft. Sogleich fiel er dem Tatarenfürsten Hoccota auf. Der nahm ihn mit an seinen Hof und schenkte ihm die Freiheit. Auf einem Tatarenzug nach dem Westen konnte er in Schlesien entkommen.

So gelangte er in russischen Kleidern an den Hof von Kaiser Friedrich. Hier zeichnete er sich geschickt bei ritterlichen Kampfspielen aus. Daran hatte der Kaiser sein Gefallen. Und weil sich der Geraer Herr vor allem durch Körpergröße auszeichnete, hieß ihn der Kaiser den „langen Reußen". Dieser Name bürgerte sich derart ein, daß er sich selbst fortan „Heinrich von Gera der Reuße" nannte.

*

Das Obere Schloß liegt beherrschend über dem Elstertal. Seine Anfänge reichen weit ins Mittelalter zurück. Nach dem Brand von 1540 wurde es wiedererrichtet und um 1700 und im 18. Jahrhundert weiter ausgebaut. So entstanden nach und nach die unregelmäßig zusammengefügten Flügel. Die sechs

Über die Elsteraue steigt die Felskuppe empor, die Greiz und das Schloß trägt

15

Renaissancegiebel an der Ostseite schreibt man Hieronymus Lotter zu, dem Erbauer des Leipziger Rathauses und der Augustusburg. Als älteste Teile des Schlosses gelten das Stelzentor und die zwei engen Umgänge mit dem Schloßturm. Dieser wurde im Verlauf der Geschichte erneuert, bekam eine geschweifte Haube und seit 1660 eine Uhr und Glocke. Das Obere Schloß dient heute Verwaltungs- und Wohnzwecken. In einem Archiv lagern wichtige Urkunden der Geschichte Thüringens.

Das Untere Schloß wurde 1564 erbaut und war über die Zeit hinweg die Residenz der Grafen von Untergreiz. Nach dem Stadtbrand von 1802 entstand von 1802 bis 1809 ein schlichter klassizistischer Bau, dem 1885 ein Anbau mit Turm zugefügt wurde. Bis 1918 diente das Gebäude als Sitz des Fürsten Reuß älterer Linie. Heute beherbergen die Schloßgebäude ein Museum mit Exponaten aus der Heimatgeschichte und einen spätgotischen Flügelaltar aus Fraureuth. Zu sehen sind ein klassizistischer Festsaal, eine vogtländische Bauernstube und ein Bürgerzimmer aus der Zeit um 1825.

Ältesten Unterlagen zufolge gab es schon 1255 ein Gotteshaus. So, wie sich heute die Stadtkirche darbietet, wurde sie nach dem Brand von 1802 wiederaufgebaut. Sie hat eine gewölbte Holzdecke und in den Seitenschiffen Emporen. Beim Brand wurde auch die große Silbermann-Orgel mit vernichtet. Heute ertönt an ihrer Stelle eine moderne Kreutzbach-Orgel zu den Gottesdiensten. In der Kirche befindet sich auch der vergoldete Sarkophag von Heinrich VI., der in der Schlacht bei Zenta im Jahre 1697 sein Leben ließ.

Gerne zeigen die Greizer Bürger ihren Schloßpark Fremden, die in die Stadt kommen. Ursprünglich soll er der Haus- und Küchengarten der Obergreizer Herrschaft gewesen sein, aus dem 1650 ein Lustgarten wurde. Ein Hochwasser, das 1799 die Elster führte, vernichtete alle Herrlichkeit. So wurde nach 1800 ein im englischen Stil angelegter Park daraus. Ihn gestaltete von 1871 bis 1885 R. Reinicke nach Plänen des Muskauer Parkdirektors E. Petzold zu einem Landschaftspark um. Wann man ihn auch durchstreift, mit seinen Bäumen und Sträuchern, unter denen viele exotische sind, hat er zu jeder Jahreszeit seine Reize.

Abgeschlossen wird er durch das Sommerpalais. Der zweieinhalbgeschossige frühklassizistische Bau entstand von 1779 bis 1789. In ihm ist eine bedeutende Kupferstichsammlung untergebracht mit zahlreichen kostbaren, vorwiegend englischen Schabekunstblättern. Die Sammlung ging aus der ehemaligen fürstlichen Bibliothek zu Greiz mit zirka 24 000 Bänden hervor.

Als wir Greiz verlassen, meldet sich noch einmal der Winter mit seinem Ungemach. Ein paar verirrte Flocken schwirren aus dem grauen Himmel. Sobald sie den Boden berühren, werden sie zu Wasser. Das muß wohl auch so sein. Denn im Park waren schon die Weidenkätzchen aufgeplatzt, und mancher Strauch und Baum brauchte nur ein paar Sonnenstrahlen, um die in den Knospen schlummernden Blätter zu entfalten.

Durch das „Steinigt" nach Elsterberg

„Wer das Städtchen Elsterberg richtig kennenlernen will, muß das Steinigt durchwandern!" Das ist ein wildromantisches Tal nördlich der Stadt. Wir waren diesem Ratschlag gefolgt und brauchten es nicht zu bereuen.

Nicht mit dem Auto fuhren wir heran, etwa auf der lebhaften B 92, die von Plauen kommt, mitten durch Elsterberg führt und über Greiz und Weida weiterverläuft. Vielmehr bestiegen wir in Plauen die Bahn und konnten sie nach kurzer Fahrt, nur die Station Jocketa lag dazwischen, in Rentschmühle wieder verlassen. Damit hatten wir das südliche Ende eines Landschaftsschutzgebietes erreicht, das „Steinigt", das sich knapp drei Kilometer abwärts der Weißen Elster bis zu den ersten Häusern von Elsterberg hinzieht.

Sanft wellt die vogtländische Kuppenlandschaft dahin. Hier, durch dieses V-förmige Erosionstal, wird ihr Gleichklang jäh unterbrochen. Stellenweise ist es 70 Meter tief. Wildromantisch mutet die Enge an, oft keinen Steinwurf breit.

Bis in die Mitte des vorigen Jahrhunderts soll es hier eine unzugängliche Wildnis gegeben haben. Erst als man 1875 die Eisenbahn baute und auf beiden Flußseiten Gehwege angelegt hatte, wurde es lebendig in der Einsamkeit.

Steil steigen die Hänge empor, da und dort fast senkrecht. Die nackten Felsenwände und Felsenkanzeln bereiten Platzangst. Am Peterstein üben sich junge Leute beim Klettern. Auch andere Felsen in der Nähe bieten Kletterpartien. Bevorzugt wird der Hundsstein. Lediglich der Nelkenstein ist davon ausgenommen, er ist ein Naturdenkmal und dadurch besonders geschützt.

Wo halbwegs ein paar Wurzeln in den Boden oder eine Felsritze eindringen können, ringen allerlei Baum- und Strauchgewächse ums Dasein. An sonnigen Stellen vereinigen sich Linden und Eichen zu einem ungleichaltrigen Mischwald, und dort, wo es feucht und schattig ist, Linden und Ahornbäume. Wer Glück hat, findet an den Hängen ein paar Exemplare der Zwergmispel. Denn hier, im engen Elstertal, ist ihr einziger vogtländischer Standort.

Vögel schrecken auf, vom Eichelhäher gewarnt, und schwirren davon. In den Bäumen herrscht Leben. Doch im Fluß ist es seit Jahren ausgestorben. Hier leisteten die Abwässer der Fabriken gründliche Arbeit. Und es wird seine Zeit dauern, bevor die Weiße Elster ihrem Namen wieder Ehre macht und vielleicht sogar eine blanke Elster wird. In Wanderbüchern aus DDR-Zeiten heißt es, das Wasser sei undurchsichtig, trübe und habe einen üblen Geruch, daß man von einer Sommerwanderung entlang der Ufer abrate. Dem ist heute glücklicherweise nicht mehr so und die Feststellung bereits eine Kuriosität!

Der Eindruck entsteht, als stritten sich Fluß und Bahn um die Vorherrschaft im Elstergrund. Dabei hat es die Bahn nicht leicht, wird bald auf die rechte,

„Auf leichter Anhöhe stehen die Häuser von Elsterberg dicht beieinander . . ."

bald auf die linke Uferseite gedrängt. Und unterhalb des Nelkensteins schlägt der Fluß einen derartigen Haken, daß der Schienenstrang nicht mehr folgen kann und mit einem Sporntunnel den Berg durchstoßen muß. Dahinter treffen beide wieder zusammen. Als sei nun der Streit beigelegt, bleiben sie in Eintracht beieinander, linker Hand die Bahn, rechter Hand die Elster. Vielleicht liegt's auch daran, daß sich das Tal weitet und jeder genügend Platz für sich hat.

Vom Kriebelstein, einer Anhöhe südwärts der Stadt, hat man eine gute Aussicht. Im Vordergrund zieht die Elster vorüber. Auf leichter Anhöhe stehen die

Häuser dicht beieinander. Von den meisten sind nur die Dächer zu sehen. Das Bild wäre unvollkommen, ständen nicht die Mauern einer alten Verteidigungsanlage darüber. Sie beschirmen die Stadt wie eine Glucke ihre Hühnlein. Als der Verfasser eines frühen Wanderbuches, Leupoldt, 1868 hier war, schrieb er darüber: „Elsterberg liegt überraschend schön, wie wirksam ist die Burgruine, eine der größten Sachsens..." Strömte nicht der Verkehr der vielbefahrenen Bundesstraße 92 daran vorbei, fühlten wir uns zurückversetzt in Zeiten einer Romantik.

Weitläufig ist das Trümmerfeld auf der Höhe und läßt tatsächlich auf eine großräumige Anlage schließen. Vielleicht war sie überhaupt die größte im Gürtel der Wehranlagen, die sich von Merseburg her erstreckt, über Tuchern, Zeitz, Gera, Weida und Greiz, die „Thüringisch Schwelle" genannt.

Der sich in die Talaue vorschiebende Bergkegel zwingt die Weiße Elster zu einem Bogen. Auf diesem Kegel fand sich ein günstiger Platz für ein befestigtes Haus. Das Flußtal, sonst eng und zerklüftet, bot für die schweren Lastwagen hier einen Übergang über das Wasser. Die Furt ließ sich von der Höhe aus überwachen und sichern. Das Haus konnte auch Angriffe der Slawen abwehren und gemeinsam mit den Wallanlagen der Umgebung die Siedler aus Franken und Thüringen schützen. Denn während der Kolonisation des slawischen Siedlungsraumes im Mündungsbereich der Göltzsch in die Weiße Elster sind viele kleinere Verteidigungsanlagen entstanden, das Siedlerland vor Feindeshand zu wahren.

Es waren die Herren von Lobdeburg, die seit etwa 1180 weite Gebiete beherrschten und neben ihr „Altes Haus" die Elsterburg errichteten, aus der später Elsterberg wurde. Auch selbst nannten sie sich danach. Als sie erstmals eine Urkunde des Bischofs Engelhard von Naumburg am 25. April 1225 erwähnte, gehörte die Anlage dem Grafen von Arnshang-Lobdaburg.

Gemeinsam mit den Weidaer Vögten entstand am Fuß der Burg eine dem heiligen Laurentius gewidmete Kirche. Beides, die Burg auf der Höhe und die unter ihrem Schutz stehende Kirche, lockte Siedler herzu, darunter viele Handwerker, die sich seßhaft machten. So entwickelte sich bald ein regelmäßig angelegtes Suburbium, das anfangs Markt war und noch vor 1359 Stadt wurde. Ihr erster Freiheitsbrief trägt das Datum vom 1. Mai 1368.

Als der „Vogtländische Krieg" ausbrach, hervorgerufen durch den Gegensatz zwischen den unabhängigen Geschlechtern und den Wettinern, die sich mit Kaiser Karl IV. verbündet hatten, wurden durch das Heer einige thüringische Städte gebrandschatzt. Zerstört wurde auch 1354 durch ein kaiserliches Aufgebot unter Heinrich von Hohenstein die Stadt und Burg Elsterberg. Der Krieg hatte zur Folge, daß sich die Lobdeburger den Wettinern unterwerfen mußten.

Die Kriegsgeschehnisse veranlaßten die Bürgerschaft des Städtchens, ihre Häuser mit einer Steinmauer zu umgeben, ungeachtet der großen Lasten, die sie sich damit aufbürdeten. Ihr Anfang lag bei der Burg und dort war auch ihr Ende. Das war gewiß ein großer Bauplatz. Denn indessen sie die Steine für diese Stadtmauer herzukarrten, wuchs zwischen 1356 und 1368 auf den alten Grundmauern eine neue Burg und eine der heiligen Barbara geweihte Kirche. Fortan hieß die Burganlage „Neues Haus".

Die Lobdeburger auf Elsterberg verwalteten von ihrem Rittersitz aus ein verhältnismäßig großes Land. Im Ort betrieben sie eine Münze und in der Umgebung ließen sie nach Erzen schürfen. Für diesen Bergbau setzten sie eigens einen Bergmeister ein. Sie hatten es auch durchgesetzt, die Pastoren und Schulmeister zu bestallen.

Nachdem im Jahre 1394 das Geschlecht ausgestorben war, wechselte das Schloß häufig den Besitzer. 1429 kam es in die Hände derer von Bünau, die es über 200 Jahre lang innehatten. Die nachfolgenden Schloßherren, aus denen der reiche von Bose herausragt, waren nicht dazu in der Lage, die große Anlage instand zu halten. Dadurch verfiel sie immer mehr. Darüber konnte auch nicht hinwegtäuschen, daß sie 1724, zumindest äußerlich, einen noch intakten Eindruck machte. Keine 50 Jahre später war sie zerstört.

In den folgenden Jahren schritt der Verfall rasch voran. Als man 1785 damit begann, die Schloßberghäuser zu bauen, und dann vor allem nach dem großen Stadtbrand von 1840, verkaufte man stückweise das zur Ruine gewordene Schloß und die Stadtmauer, um Bausteine zu gewinnen.

Auch noch intakte Mauern wurden abgerissen, schwere Eichentüren mit schönem Schnitzwerk davongeschleppt. Altertümer aus der Ruine kauften englische Sammler auf und brachten sie außer Landes. Als die Ruine einmal der Stadt Elsterberg für 280 Taler zum Kauf angeboten wurde, lehnten die Stadtväter ab.

Im Jahre 1902 ging die Meldung durch die Zeitungen, daß ein Teil der Rundung des nördlichen Turmes eingestürzt sei. Dadurch geriet die Ruine Elsterberg in das Blickfeld des öffentlichen Interesses. Das hatte zur Folge, daß man sich fortan mehr um sie kümmerte. Mit den Erträgen eines Ruinenfestes, das seitdem in regelmäßiger Folge wiederholt wird, versuchte man den weiteren Verfall zu bremsen. Erst seitdem im Jahre 1909 die Stadt Elsterberg die Schloßruine besitzt, wurde die mutwillige Zerstörung beendet.

Einigermaßen konnten drei von den ursprünglich fünf Wachttürmen gerettet werden, die Wehrmauer und Teile des Palas mit den Kellergewölben. Der Brunnen, 200 Ellen tief, reicht bis zur Elsterfläche. Deutlich sind noch die mächtigen Querwände zu erkennen, die sich mit den Außenwänden verbanden. Sie ermöglichten die Auflage hoher und schwerer Dächer.

*

Länger als gewollt, verweilten wir bei der Geschichte der alten Wehranlage. Vor uns fließt die Elster von links nach rechts und hinter der Ruine in umgekehrter Richtung. Es gibt wenig Städte, die derart, dreiviertel eines Bogens, von einem Wasserlauf umschlossen werden. Weit hinten liegen die Dörfer am welligen Horizont. Noßwitz zieht sich von der Elster den Hang hinauf.

Nun werden wir durch die Straßen gehen, die Uhr zeigt die sonntägliche Mittagsstunde an, und das gleiche tun, wie König Johann von Sachsen, damals, als er 1860 hier war, wir werden in Elsterberg unser Mahl einnehmen.

„Weiträumig ist das Trümmerfeld von Elsterberg und läßt auf eine großräumige Anlage schließen . . .“

Reichenbach, Geschichten und Geschichte

August II., Sachsens Kurfürst und Polens König, genoß die Ehrfurcht seiner Landeskinder. Besonders seine Stärke forderte sie heraus. Und so weiß man in Reichenbach von ihm zu erzählen:

Als er einmal in der Stadt weilte, kam bei Tisch das Gespräch auf eine in der Nähe wohnende Ritterswitwe, die früher bei Hofe als Schönheit galt und bei deren Anblick allen Männern der Puls höher geschlagen habe.

Das erweckte des Herrschers Begehren nach ihr. Sogleich ließ er satteln, sprang aufs Pferd und verlangte nach einem grauen Oberrock. Als er sich genügend verhüllt hatte, gab er dem Tier die Sporen und jagte incognito und ohne Begleitung der trauernden Witwe entgegen.

Vor sich die Türme des Schlosses, ritt er geradewegs darauf zu, ungeachtet der Wege, quer über Wiesen und Felder. Als er mitten durch eine weidende Herde ritt, brach einer der mächtigsten Stiere aus, nahm sich den Reiter samt Pferd zum Ziele, und stürmte mit gesenktem Nacken darauf zu.

Als der König das gewahr wurde, riß er sein Schwert aus der Scheide, schwang es durch die Luft und noch bevor der Stier zurammen konnte, trennte er mit einem einzigen Hieb den Kopf vom Rumpf.

Dem Rinderhirten verging Hören und Sehen bei diesem Geschehen. Als er sich wieder gefaßt hatte, lief er zum Dorf. Dort konnte er in kurzer Zeit eine streitbare Mannschaft aufbieten, um die blutige Tat zu rächen.

Reichenbach. Ausschnitt aus einem kolorierten Kupferstich von C. Meltzer um 1840

Und noch bevor der König sein Ziel erreicht hatte, wurde er von der Schar der mit Sensen, Flegeln und Gabeln bewaffneten Bauern gestellt. Lauthals forderten sie den Ersatz des verursachten Schadens und machten ihre Waffen zum Angriff bereit. Da geriet der eingeschlossene und bedrängte Herrscher so in Schwierigkeiten, daß er nicht anders konnte, als seinen Rock aufzureißen und zu rufen: „Seht her, ich bin kein anderer als euer Landesvater!" Da senkten die Bauern die Waffen, sagten: „Wenn das so ist . . .", ungehindert ziehen. Ob er noch zur schönen Witwe kam, blieb unbekannt.

*

Im Jahre 1706 kam der Landesherr wieder nach Reichenbach. Diesmal allerdings zu seinem Besuch gezwungen. In den kriegerischen Auseinandersetzungen mit der Armee des Schwedenkönigs Karl III. unterlagen bei Fraustadt die sächsisch-polnischen Truppen. Das nahmen die Schweden zum Anlaß, Kursachsen zu besetzen.

In den Mauern von Reichenbach wurde ein wesentlicher Einschnitt in die polnische Geschichte vorbereitet. Die beiden gewichtigen Männer saßen sich gegenüber, Karl XII., König von Schweden, und August II., König von Polen und Kurfürst von Sachsen. Der Schwede, auf der Höhe seiner Macht, diktierte die Bedingungen eines Friedens, der in den Septembertagen in Altranstädt vollzogen werden sollte. In Reichenbach erfuhr August der Starke die größte Demütigung seines Lebens. Er wird durch den Altranstädter Frieden gezwungen werden, auf die polnische Krone zu verzichten.

Denen, die im alten Land Sachsen die Volksschule besuchten, wurde die Jahreszahl 1706 fest ins Gedächtnis eingeprägt, nicht, weil der Frieden geschlossen wurde, sondern daß August der Starke die polnische Krone verlor. Und auch das mußten die Kinder dazulernen, getreu der Redensart: „Ein Schnupftüchel verloren, ein Taschenmesser gefunden – hebt sich auf!" Zwei Jahre danach erfand der Schleizer Johann Friedrich Böttcher das Meißener Porzellan. Das sollte eben heißen: Das eine wiege das andere auf!

*

Ist von Reichenbach die Rede, wird gewöhnlich im gleichen Atemzug der Name der Caroline Neuber genannt, kurz „Neuberin" geheißen. Von ihr ist auf dem Gedenkstein in Dresden-Laubegast, nahe bei ihrem Sterbehaus, zu lesen: „Friderike Caroline Neuberin – eine Frau männlichen Geistes, der berühmtesten Schauspielerin ihrer Zeit, der Urheberin des guten Geschmacks auf der Bühne."

Hier, im Vogtlandstädtchen Reichenbach, war sie am 9. März 1697 im alten Gerichtshaus am Johannesplatz zur Welt gekommen. Ihr Vater, Daniel Weißenborn, hatte das Amt eines Gerichtshalters der „hochadligen Stadt" inne. Als jedoch im Jahre 1706 der Herrscher Polens und Sachsens mit dem Schwedens in der Stadt zusammentraf, versah er bereits vier Jahre eine Gerichtsstelle in Zwickau und hatte die Familie nach dorthin mitgenommen.

Carolin Neuber (1697–1766)

Die heranwachsende Caroline zeigte schon als Kind Zuneigung zur Deklamation und zum Theaterspiel. Das widerstrebte dem dauernd kränkelnden, hypochondrischen Vater, der glaubte, das beste Erziehungsmittel sei die Zuchtrute. Weil Caroline die vielen Mißhandlungen nicht ertragen wollte, entfloh sie mehrmals dem Elternhaus, das letztemal 1717, mit dem gleichaltrigen Jurastudenten Johann Neuber aus Reinsdorf.

In Weißenfels, einem ihrer Zufluchtsorte, trafen sie auf die dort gastierende Spiegelberg'sche Schauspieltruppe und schlossen sich ihr an. Bald danach, Anfang 1718, standen beide vor dem Traualtar der Hof- und Domkirche zu Braunschweig.

Als sich dann 1727 die Hofmann'sche Schauspieltruppe, deren Mitglieder sie geworden waren, auflöste, gründete die inzwischen hervorragende Schauspielerin Caroline Neuber eine eigene Truppe. Mit ihr hatte sie sich vorgenommen, künstlerisch besseres Theater zu spielen als die anderen Wanderbühnen, deren Repertoire vor allem aus Stegreifspielen und Hanswurstiaden bestand. Ihrem persönlichen Engagement war es zu danken, daß sich die Truppe für sechs Jahre lang „Hof-Comödianten" nennen durfte.

Ein Zufall sollte sie mit dem Leipziger Professor Gottsched zusammenführen. Und da sich ihre Ansichten über das Theater deckten, verbündeten sie sich. Das war schon eine mutige Tat: Allen Anfeindungen zum Trotz verbrannte sie öffentlich des Publikums liebste Gestalt, den „Hanswurst", getreu ihrem Grundsatz: „Vielen gefallen ist schlimm!" Ihre Truppe spielte französische Stücke, solche von Lessing, Gellert, Chr. F. Weiße oder J. E. Schlegel und entwickelte eine gehobene Deklamation, bekanntgeworden unter dem Begriff „Leipziger Schule". Sie verlangte von den Schauspielern vor allem ein gründliches Rollenstudium.

Gottsched war über sie und ihre Truppe des Lobes voll: „Die Bande ist mit geschickten Personen versehen", schrieb er, „daß sie in Deutschland kaum ihresgleichen haben wird. Vier Burschen von den berühmtesten Akademien waren so unvergleichlich charakterisiert, daß ich mein Leben lang nichts Schöneres gesehen habe. Und diese vier Leute sind von einem viermal verkleideten Frauenzimmer, eben unserer Karoline Neuber, so herrlich vorgestellt worden, daß ihnen nichts als eine männliche gröbere Stimme gefehlt." Nach langen, entbehrungsreichen und ruhelosen Wanderjahren starb die Neuberin völlig vergessen und verarmt am 30. November 1760 in Laubegast bei Dresden. Als Vagabundin wurde sie begraben, ohne Sang und Klang, ohne kirchlichen Segen. Ihren Sarg mußte man über die Friedhofsmauer heben, weil ihm der Pfarrer den Einlaß durch die Friedhofstür verwehrte.

Als dann 1776 Dresdner Freunde ihr auf dem Grab ein Denkmal errichten wollten, verweigerte auch das der Leubener Pfarrer. So entstand es auf einem von der Gemeinde Laubegast für 20 Taler erkauften Platz bei ihrem Sterbehaus. 1852 ließ es das Personal des Königlichen Hoftheaters Dresden erneuern, an das Sterbehaus eine Gedenktafel anbringen und die unansehnliche Platte auf ihrem Grab durch einen Denkstein ersetzen.

Besonders die Geburtsstadt strengt sich an, ihre berühmte Tochter zu ehren. Eine Straße und eine Schule tragen ihren Namen. Aus einem kriegszerschossenen Tanz- und Vergnügungslokal entstand das Neuberinhaus, 1949 als einer der ersten Theaterbauten des damaligen Landes Sachsen eingeweiht und 1981 bis 1984 gründlich renoviert. Und aus dem alten Gerichtsgebäude am Johannesplatz wurde die Neuberin-Gedächtnisstätte.

*

Dem Grundsatz folgend: „Wo ein Wasser fließt, läßt sich auch wohnen!" entstand im 12. Jahrhundert vermutlich aus einer slawischen Siedlung und einem fränkischen Rodedorf „Richenbach". Der Name will's besagen: eine Siedlung am „wasserreichen" Bach. Oder sollten jene recht behalten, die meinen, der Name beziehe sich auf Waschgold, das sich im Wasser fand?

Da sich hier eine von Süden kommende Handelsstraße gabelte, um nach Norden und Osten weiterzuführen, waren Zeichen gesetzt für eine günstige Siedlungsentwicklung. Daß eine solche Straße allerdings auch Nachteile hatte, sollte sich zu Kriegszeiten herausstellen. Denn 1430 zogen auf ihr Hussiten heran und zerstörten den Ort, 1632 waren es die Holck'schen Haufen.

Heinrich V. von Greiz kommt es zu, die günstige Lage der Siedlung erkannt zu haben. Denn er gründete 1240 daraus eine Stadt, die erste im nordöstlichen Vogtland. Die an der Stelle der heutigen Altstadt erbaute Kirche wurde zur Mutterkirche eines größeren Gebietes. Auf dem unmittelbar dahinterliegenden niedrigen Bergsporn siedelten sich die Bürger an. Sie kamen aus der Umgebung, denn Stadtluft macht frei, so hieß es gemeinhin. Der Sicherheit wegen wurde eine Stadtmauer nötig. Und damit der Warenverkehr keine Abschnürung erfuhr, fügte man vier Tore in die Mauer.

Die Mauer war knapp bemessen. Lediglich 70 Häuser wurden durch sie geschützt. Bereits während des Mittelalters, dann vor allem im 15. und 17. Jahrhundert, drängten sich die Häuser vor die Tore. Der Anger, draußen am Raumbach, wurde zum Wohnort der kleinen Leute, und vor dem Unteren Tor wuchs durch das Pfarr- und Schulhaus die Kirchensiedlung. Im Verlauf des

16. Jahrhunderts entwickelte sich am Ende der Langen Gasse das Vorstädtchen „Am Osterberg".

Die Stadt selbst wuchs nach und nach zu einem großen, unregelmäßigen Geviert mit einem langgestreckten Marktplatz. Mitten hinein hatte man das Rathaus gesetzt, gewissermaßen nach der These: „Wenn's schon kein anderer darf, wir dürfen's!" Erst nach dem großen Stadtbrand wurde es im 19. Jahrhundert an seiner jetzigen Stelle gebaut.

Als die Stadtmauer ihre Bedeutung verlor und für die Siedlungsentwicklung hinderlich wurde, setzte man zu Anfang des 19. Jahrhunderts die Spitzhacke an und ebnete sie ein. Dabei ging man viel zu gründlich zu Werke! Heute ist man froh, noch ein paar Mauerreste und den undeutlichen Verlauf des Grabens südlich des Marktplatzes nachweisen zu können. Wer verfügt nicht gerne über ein paar Raritäten aus längst vergangenen Tagen!

Seit dem 15. Jahrhundert sind in Reichenbach die Tuchmacher daheim. Das hat sich bis zur Gegenwart erhalten. In der Umgebung sagt man von den Reichenbachern, sie hätten einen feinen Griff für die Beschaffenheit und den Wert der Wolle.

Auf den Grundmauern der alten Kirche entstand um 1720 Reichenbachs barocke Stadtkirche St. Petri und Paul. Als man sie fertig hatte, kam Sachsens berühmtester Orgelbaumeister, Gottfried Silbermann. Der baute von 1723 bis 1725 ein wunderbares Instrument in das Gotteshaus. Die Reichenbacher wären einer Rarität reicher, hätte man sie nicht später umgebaut und ihr nur noch das Silbermann'sche Gehäuse belassen.

Fast noch im Schatten der Stadtkirche liegt das alte Gerichtsgebäude, das Geburtshaus der Neuberin, mit den Grundmauern aus dem 13. Jahrhundert. Viele Wandlungen hat das Haus erfahren, war im Mittelalter Komturhof des Deutschritterordens, Sitz des Patrimonialgerichts der Feudalherren auf Schloß Friesen, war Schule, Wirtshaus und Heimatmuseum, bevor es dem Gedenken der Prinzipalin Neuberin dienen sollte.

Was wäre ein Porträt über Reichenbach, ohne das Wahrzeichen der Stadt, den weithin erkennbaren Wasserturm auf der Höhe, zu erwähnen. Andernorts wird man einen solchen Turm kaum nennen, und wenn, dann höchstens als einen Störenfried im Landschaftsbild. Der Reichenbacher ist zumindest zu einem architektonischen Beispiel geworden. Er entstand 1927 unter dem Einfluß des Bauhauses. Allgemein gilt er als Versuch, einem Zweckbau ein materialgerechtes Aussehen zu geben. Die Bauhaus-Idee beeinflußte seinerzeit das Baugeschehen in ganz Europa. So wurde Reichenbachs Wasserturm zu einem Maßstab der zweckgebundenen Architektur. Der Turm ist 28 Meter hoch und liegt 438 Meter über dem Meeresspiegel. Steht man auf seiner Plattform, liegt einem ganz Reichenbach zu Füßen, und ist das Wetter danach, auch ein weites Stück Vogtland.

Vogtländische Brückengiganten

Suchte man nach einem typischen Wahrzeichen für das sächsische Vogtland, stände die Silhouette der Göltzschtalbrücke in engster Wahl. Selten fügt sich ein Bauwerk so harmonisch in die Landschaft. Die Brücke, ein schmuckloser Zweckbau, doch von ungewöhnlicher Architektur, findet ihre Erwähnung im „Buch der Rekorde" als die größte Ziegelsteinbrücke der Welt. Und auch das spricht für sie: Einer ihrer wesentlichen Schöpfer war ein gebürtiger Vogtländer, Andreas Schubert aus Wernesgrün.

Als man im Jahre 1841 zu einem Staatsvertrag zwischen Bayern und Sachsen kam, wurde festgelegt, eine Eisenbahnlinie zu bauen, um Leipzig über Plauen, Hof und Bamberg mit Nürnberg zu verbinden. Der Bau dieser sächsisch-bayrischen Eisenbahn wurde noch 1841 von Leipzig aus begonnen.

Der günstigste Streckenverlauf wäre durch das Greizer Land gewesen. Nur dadurch, daß der reußische Fürst dazu keine Einwilligung gab, war man dazu gezwungen, andere Möglichkeiten zu suchen. Zum Schluß fand man die geeignetste Trasse durch das sächsische Vogtland, mußte aber den Nachteil in Kauf nehmen, die tiefeingeschnittenen Täler der Göltzsch und Weißen Elster mit aufwendigen Viadukten zu überwinden. Besonders schwierig war es, das Göltzschtal nahe der Städte Mylau und Netzschkau zu überqueren.

Eine öffentliche Ausschreibung des Brückenbau-Projektes brachte 84 unterschiedliche Bauvarianten. Die sechsköpfige Dresdner Brückenbau-Kommission, der übrigens auch Gottfried Semper angehörte, von Andreas Schubert geleitet, prüfte einen nach dem anderen. Als sie die letzten aus der Hand legten, mußten sie erkennen, das waren durchweg interessante Vorschläge, jedoch war keiner darunter, der sich eignete und alle Bedingungen erfüllte, die gestellt waren. Das zwang die Kommissionsmitglieder dazu, ein eigenes Projekt zu entwickeln. Nach langem Entwerfen, Berechnen, Prüfen und Konstruieren, entschied man sich für eine mehrstöckige Steinbrücke mit Rundbogen.

Geistiger Vater dieser Idee war Andreas Schubert, ein Häuslerssohn aus einem der vogtländischen Dörfer, nun Professor an der Technischen Bildungsanstalt Dresden, der heutigen Technischen Universität. Er war bereits 1839 hervorgetreten mit der Konstruktion der ersten betriebsfähigen deutschen Lokomotive, der „Saxonia", gebaut in der Werkstätte der Aktien-Maschinenbau-Gesellschaft in Übigau für die Strecke Leipzig–Dresden. Schubert hatte sich für seinen Entwurf Äquadukte zum Vorbild genommen, altrömische Wasserleitungen auf mächtigen Bogen. Die von Caserta und Spoleto, 59 und 77 Meter hoch, hatten die Jahrhunderte überdauert. Sie boten Garantie dafür, maximal sicher und von hoher Lebensdauer zu sein. Bei der Umsetzung seiner Gedanken kam Schubert zu einer allgemeingültigen Statik für den Bau von Steinbrücken, die es bis dahin noch nicht gab.

Während sich die Mitglieder der Brückenbau-Kommission die Köpfe zermarterten, gab es in der Öffentlichkeit einen heftigen Disput über die Ausführbarkeit des Baugiganten. Die meisten zweifelten an der Festigkeit der geplanten Brücke, wie es sie in der Welt noch nicht gab. Ungeachtet dessen wurden mehr als 4,5 Millionen Taler als Aktien durch die Bevölkerung gezeichnet.

Dennoch fehlten der Eisenbahngesellschaft Mittel, um rasch die aufwendigen Brücken errichten zu können. Der Baustoff sollte billig, dauerhaft und leicht beschaffbar sein. Und da man sich dabei für Mauerziegel entschloß, schossen entlang der Strecke die Ziegeleien wie Pilze aus dem Boden. Lediglich die stark belasteten und durch Feuchtigkeit gefährdeten Stellen sollten mit Naturstein ausgeführt werden, mit Granit, Porphyrtuff, Sandstein, herangeführt aus dem ostwärtigen Vogtland, dem Westerzgebirge, Fichtelgebirge, der Sächsischen Schweiz und aus den Gegenden von Rochlitz, Zeitz, Gera und Altenburg.

Am 31. Mai 1846 wurde feierlich der Grundstein zum Brückenbau im Göltzschtal gelegt. Als Baumeister setzte man den Oberingenieur Robert Wilke (1804–1889) ein, als Bauführer den Ingenieur Ferdinand Dost (1810–1888).

Obwohl alle Vorbereitungen für einen reibungslosen Bauverlauf getroffen waren, stellten sich bald erhebliche Komplikationen ein. Es waren vor allem technische und finanzielle Schwierigkeiten, die in der Anfangsphase den Fortgang des Baus hemmten und einmal sogar weitgehend zur Einstellung der Arbeit führten. Als sich in diesem Zusammenhang auch Probleme über die Festigkeit des Baugrundes einstellten, jubelten die Gegner des Vorhabens und sahen darin den Beweis für die Unausführbarkeit des Projektes.

In mehr als 30 Steinbrüchen arbeiteten Männer für die Brücke. Für ihre Fertigstellung wurden 64 000 Kubikmeter Bruch- und Werkstein benötigt. Täglich vermauerten die Bauleute an der Brücke rund 150 000 Ziegelsteine, insgesamt 26 020 681 Stück und 23 000 Baumstämme machten sich als Gerüstholz nötig.

Obwohl Dampfmaschinen die schwere Arbeit mildern konnten, blieb die Muskelkraft des einzelnen Mannes entscheidend. Unter schwierigen Bedingungen arbeiteten zeitweilig 1500 Bauleute, und das bei einer täglichen Arbeitszeit von 12–14 Stunden. Die Löhne waren gering und lagen im Durchschnitt bei 12 Neugroschen für den Arbeitstag. Um 1846 ein Schwarzbrot kaufen zu können, mußten die Brückenbauer $1\frac{1}{2}$ Neugroschen auf die Ladentafel legen.

Fünf Jahre lang dauerte der Bau. Die Statistik verzeichnet 1300 Unfälle, 31 davon mit tödlichem Ausgang. 6 599 621 Mark waren für die Brücke ausgegeben worden, als man sie am 15. Juni 1851 für den Verkehr freigab. Das war das Achtzehnfache des gesamten Anlagekapitals des Bahnbaus von Nürnberg nach Fürth.

574 Meter ist die Brücke lang und stellenweise 78 Meter hoch. Am Fuße mißt sie eine Breite von 27,70 Meter, im oberen Stock von 8,00 Meter. Die vier Stockwerke gliedern sich in 81 Bogen.

Im Gegensatz zu Schubert, dem Wissenschaftler, war Wilke ein erfahrener Praktiker. Diese unterschiedlichen Spannkräfte konnten sich zum Wohle des Werkes entladen. Wilke erkannte Fehler in Schuberts Projekt und drang darauf, sie abzustellen. So war es Wilke, der durchsetzte, in der Mitte der Brücke einen Pfeiler wegzulassen um dafür zwei weitgespannte Bogen einzufügen

„Die Elstertalbrücke bei Jocketa ist der zweite imposante Brückenbau des 19. Jahrhunderts im Vogtland . . ."

29

mit der oberen Spannweite von fast 32 Metern. Dadurch gewann das Bauwerk wesentlich an Harmonie. Wilke, nach Bauabschluß zu Schuberts Theorien befragt, soll geantwortet haben: „Ich fand leider noch keine Zeit, die sicher interessanten Ausführungen zu studieren."
Seit eineinhalb Jahrhunderten donnern die Züge über die Brücke, heute täglich mehr als 200. Nachdem die innerdeutschen Grenzen fielen, wurde die Eisenbahnlinie Nürnberg–Leipzig zu einer Nabelschnur für die neuen Bundesländer.

*

Wie die Perlen an einer Schnur, so fädeln sich die Häuser an die Verkehrsstraße, die Netzschkau mit Treuen verbindet: Lambzig, Lauschgrün, Buchwald, Hartmannsgrün, so reihen sich die Dörfer aneinander. Lediglich die gelben Ortsschilder kennzeichnen dem Fremden den jeweiligen Ort im Häuserband. Das jüngste Dorf unter den altehrwürdigen Bauernsiedlungen ist Lauschgrün. Es ist ein Kind des Brückenbaus über das Göltzsch- und Elstertal hinweg.
Als das große Bauvorhaben begann, war Bau- und Rüstholz in großer Menge erforderlich. „Nahes Holz" hatte wegen der geringen Transportkosten den Vorzug vor anderem. Dies ermutigte den Besitzer des Netzschkauer Schlosses, J. G. Opitz, dazu, das ihm gehörende Lange Holz am Buchenwald schlagen und roden zu lassen und die gewonnenen Stämme dem Brückenbau zuzuführen. Das dadurch entstandene Rodeland verkaufte er, in Parzellen aufgeteilt, an Siedlungswillige.
Es war der Fuhrmann und Holzfäller Gottfried Carl Lausch aus Voigtshain bei Wurzen, nun Schachtmeister beim Brückenbau, der als erster eine dieser Parzellen erwarb und darauf eine Scheune errichtete, die ihm als Unterkunft diente. Zwei Jahre später fügte er das Wohnhaus hinzu. Es steht noch heute als Gasthaus „Zum goldenen Pflug". Auch andere erwarben Parzellen und bauten sich ihre Häuser darauf.
Nannte man gelegentlich die Häuser „Obernetzschkau", so tauchte erstmals am 16. Juli 1851 im „Reichenbacher Wochenblatt" dafür die Bezeichnung „Lauschgrün" auf. Dem Namen des ersten Ansiedlers „Lausch" war das im Vogtland übliche „-grün" angefügt worden. Und das nicht einmal zu unrecht. Denn alle Orte des Vogtlandes, die mit „-grün" enden, sind als Rodesiedlungen entstanden. Mit der politischen Selbständigkeit der Gemeinde im Jahre 1870 wurde der Ortsname „Lauschgrün" verbindlich. Am Gasthof ist eine kleine Tafel angebracht, die Auskunft gibt über die Geschichte des jüngsten Ortes der Reichenbacher Gegend.

*

Die Elstertalbrücke bei Jocketa ist der zweite imposante Brückenbau des 19. Jahrhunderts im Vogtland. Notwendig war er geworden beim Eisenbahnbau zwischen Leipzig und Nürnberg, um das Tal der Weißen Elster zu überqueren,

„Suchte man nach einem typischen Wahrzeichen für das sächsische Vogt-land, stände die Silhouette der Göltzschtalbrücke in engster Wahl . . . "

Gäbe es die größere Schwester über das Nachbartal der Göltzsch nicht, wäre sie das Vorzeigestück des sächsischen Vogtlandes. So aber steht sie in ihrem Schatten.

Mag sein, daß ihre Ausmaße keiner Superlative bedürfen. An architektonischer Ausgewobenheit steht sie der Göltzschtalbrücke nicht nach. Wenn sie im Zusammenhang mit ihr genannt wird, so deshalb, weil sie denselben technischen Projektanten in Andreas Schubert hatte, die gleiche Konstruktion aufweist, eine Steinbrücke mit Rundbogen ist und aus dem gleichen Material besteht, aus Ziegelsteinen. Sie ist ein Bauwerk derselben Eisenbahnstrecke und entstand ebenfalls zwischen 1846 und 1851, geleitet von Oberingenieur Robert Wilke. Hier stand ihm als Bauleiter der Ingenieur Karl Hermann Kell zur Seite.

Schuberts ursprünglicher Entwurf sah zahlreiche Pfeiler und Bogen vor. Wilke wirkte darauf hin, der weniger gegliederten Gestalt den Vorzug zu geben und sie in zwei Stockwerke aufzugliedern. Bei einer Brückenhöhe von 68 Me-

Bau der Elstertalbrücke. Zeitgenössische Darstellung von W. Baessler

tern bekamen die Bogen eine Spannweite von reichlich 31 Metern, die sich auf die Brückenlänge von 279 Meter verteilen.

An der Brücke bauten 899 Arbeiter. Sie verbrauchten 22 000 Kubikmeter Granit- und Sandstein, 7400 Kubikmeter Bruchsteine und 12,3 Millionen Ziegelsteine. An Holz benötigte man zirka 13 240 Stämme für Verschalungen und Gerüste. Am 15. Juli 1851, nach fünfjähriger Bauzeit, wurde die Brücke eingeweiht. Als Gesamtkosten errechnete das Brückenbaubüro einen Betrag von 4 129 000 Mark.

Als am 16. April 1945 amerikanische Panzer in ihrer unmittelbaren Nähe aufkreuzten, sprengten deutsche Soldaten den Mittelteil und machten sie für den Verkehr unbrauchbar. Für die damaligen Nachkriegsverhältnisse war es eine hervorragende Leistung, die 70 Meter breite Lücke binnen weniger Monate mit einer Stahlkonstruktion zu schließen, so daß am 4. Februar 1946 der erste Zug darüberrollen konnte. Die eigentliche Instandsetzung dauerte jedoch Jahre und konnte 1950 abgeschlossen werden.

Getreu dem Motto, das auf einer Votivtafel zu lesen war, die bei der Sprengung 1945 zerstört wurde: „Stando distantia jugat", zu deutsch: „Feststehend möge sie verbinden, was vorher getrennt war" , erfüllt die Brücke, im zweiten Jahrhundert stehend, ihre verbindende Funktion.

*

Das Tal der Weißen Elster, das schon Mitte des vorigen Jahrhunderts den Eisenbahnbauern Kopfzerbrechen bereitete, denn tief eingesägt durchzieht es die Landschaft, sollte nun auch denen, die eine Autobahn planten, eine Nord-Südachse, von der See bis zu den Alpen, zum Hindernis werden. Wollte man von München kommend, Berlin über Dresden erreichen, mußte an irgendeiner Stelle dieses Tal überquert werden.

Keinen halben Kilometer nördlich von Pirk, einem kleinen Vogtlanddorf, damals kaum auf der Landkarte zu finden, erschienen dazu die Gegebenheiten am günstigsten. So kam der Auftrag aus den Büros der Straßenbauer in die der Brückenbauer, eine Überquerung des Tales zu schaffen.

Das war eine anspruchsvolle Aufgabe, für die Konstrukteure ein Abenteuer in die Zukunft! Nach langem Planen, Rechnen, Prüfen, Zeichnen, nach Verwerfen und wieder Planen, Rechnen, Prüfen und Zeichnen, stand fest: Man wird mit einer Steinbogenbrücke das Tal überwinden. Mehr noch! Man wird dem Vogtland einen weiteren Superlativ zufügen: der größten Ziegelsteinbrücke über das Göltzschtal die größte Steinbogenbrücke der Welt beigesellen.

1937 war Baubeginn. Zur Grundsteinlegung 1938 kam Prominenz aus dem ganzen Lande herzu, um am Schauspiel teilzuhaben. Bauarbeiter, Männer des Arbeitsdienstes, Spezialisten mit schwerem Gerät, sie alle wuchteten die tonnenschweren Granitblöcke herzu und Kräne hoben sie auf das viele Meter mächtige Fundament.

So wuchsen 12 Pfeiler empor, die sich in fast 60 Meter Höhe, wie ein romanisches Bauwerk, durch Rundbogen miteinander vereinigten. Nebeneinander überspannen sie das 630 Meter breite Elstertal.

Da brach der Zweite Weltkrieg aus. Der Brückenbau hatte durch das Kriegsgeschehen bald an Bedeutung verloren. Aus den Brückenbauern wurden Soldaten, und der Bau kam zum Erliegen.

Die zwölf Bogen mit den zum Teil fertigen Aufmauerungen über den Pfeilern standen geisterhaft in der Landschaft und reckten sich, als seien sie verhungert, gegen den Himmel. So verblieb dieser Torso bis zum Ende des Krieges.

Und da sich seitdem eine Grenze durch Deutschland zog, Hof und Naila für den sich etablierenden Staat Ausland waren, von dem man sich eher abgrenzen als sich mit ihm verbünden wollte, blieb der Bau eine Ruine. Für wertlos erklärt, konnten Wind und Wetter ihre Kräfte daran erproben und den Beton zernagen. Regen und Schneewasser drangen in Fugen und Risse und übten, zu Eis gefroren, Sprengkraft aus.

Als im November 1989 die große Wende vollzogen wurde, die Grenze wegfiel, und ein Herüber und Hinüber zwischen Bayern und Sachsen einsetzte, rückte plötzlich die wegen der unfertigen Brücke unterbrochene Autobahn in den Mittelpunkt des Geschehens. Sie konnte nun das werden, wofür sie gedacht war, eine der wichtigsten Magistralen zwischen Ost und West, wäre nur die Brücke intakt!

Das konnte kein Dauerzustand bleiben: Über Landstraßen, durch Ortslagen, rollte ein unvorstellbarer Verkehr, 30 000 Autos am Tag! Ein Nadelöhr, ewig verstopft und voller Unfallgefahren. Die Vertreter der Autobahnämter von Nordbayern und Sachsen saßen an einem Tisch. Der anfänglich negative Prüfbericht über den Zustand des Bauwerkes erwies sich am Ende doch besser als zunächst angenommen. So konnte 1990 mit der Sanierung und dem Weiterbau der Brücke begonnen werden. Der Torso wurde mit Hochdruckwasser gereinigt. Wo sich Hohlstellen oder Risse zeigten, verpreßte man sie mit Zement. Schadhafte Brückenteile wurden ersetzt, neue Teile hinzugefügt. Danach, im Taktschiebeverfahren, wurde die Fahrbahn aufgebracht. Sie ist rechts und links 5,60 Meter breiter als der Brückenkörper und wird, wenn der Bau abgeschlossen ist, vierspurig zu befahren sein.

Am 2. Oktober 1992 konnte der Bundesverkehrsminister die ersten zwei Spuren der Öffentlichkeit übergeben. Seit diesem Zeitpunkt hat die altehrwürdige Elstertalbrücke der Eisenbahn einen Namensvetter erhalten, die Elstertalbrücke der Autobahn. Seit diesem Zeitpunkt stimmt keine Landkarte mehr, die vermeldet, daß der Autobahnabschnitt zwischen Hof/Töpen im Bayrischen und dem Taltitzer Kreuz im Sächsischen unbefahrbar sei. Und so möge hier nochmals der Satz stehen, der für die Eisenbahnbrücke über das Elstertal formuliert wurde: „Stando distantia jugat" – „Feststehend möge sie verbinden, was vorher getrennt war!"

Rund um die Plauener Johanniskirche

„Plauen bleibt Plauen!" Unter diesem Motto schrieb ein Plauener Mundart-dichter und Komponist, der Gastwirt Hilmar Mückenberger, ein Marschlied, inzwischen landweit bekannt, das zu einer Art Hymne der Vogtlandstadt wurde.

Mit knapp 60 Quadratkilometern Fläche und etwa 80 000 Einwohnern ist Plauen die größte Stadt des Vogtlandes. Terassenförmig liegen die Häuser an den Hängen der Weißen Elster, der größere Teil auf der linken Seite, der vom Tal der Syra durchschnitten wird. Und fährt eine Straßenbahn die gut 2 Kilometer lange Strecke von der Elsterbrücke bis zum Oberen Bahnhof, dann muß sie 137 Meter Höhenunterschied überwinden, das ist immerhin die doppelte Höhe eines stattlichen Kirchturms.

Die Kuppen und Hügel, die des Vogtlandes unverwechselbaren Reiz ausmachen, reichen bis in das Stadtgebiet, wie der Bärenstein oder der 508 Meter hohe Kemmler mit seinem Aussichtsturm obenauf. Wer auf ihn hinaufklettert, dem entgeht nichts, was in der Stadt passiert, denn sie liegt ihm als Panorama zu Füßen.

Mückenbergs „Plauen bleibt Plauen!" stimmte heute nur noch zur Hälfte. Viel eher müßte es heißen: „Plauen, wie hast du dich verändert!" Das wird beim Blick von der Kemmlerhöhe bewußter als anderswo. Durch die Bombenangriffe amerikanischer Geschwader am 10. und 11. April 1945, als der Krieg längst entschieden war, wurden 75 % der Stadt dem Erdboden gleichgemacht, das waren 27 000 Wohnungen, 10 000 Werkstätten und Fabrikanlagen und 67 Kilometer Straße. 12 600 Bombentrichter zernarbten das Stadtgebiet. Inzwischen ist vieles wieder neu entstanden oder wurde anderweitig genutzt. Doch gingen auch Werte verloren, die unersetzbar sind.

Heute wohnen mehr als 20 000 Plauener in Chrieschwitz in einem riesigen Neubaugebiet, in dem ein Wohnblock dem anderen gleicht. Man könnte sie sich auch anderswo denken, diese Häuser aus Beton, vielleicht in Jena, Dessau oder Magdeburg. Sie sind zwar Plauen, aber ob sie Mückenbergers Plauen werden, das muß sich erst herausstellen.

*

Plauen, als Mittelpunkt des Vogtlandes, hat eine lange und bewegte Geschichte. Reihte man die schriftlichen Belege der Archive aneinander, die den Zeitraum vom 13. Jahrhundert bis zur Gegenwart umfassen, käme eine Strecke von 730 Meter Länge zusammen.

Einstmals mögen Hermanduren die Gegend bewohnt haben. Dann aber strömten aus Böhmens gebährendem Schoß Slawen ein und besiedelten die Weite des vogtländischen Beckens. „Plawebn" nannten sie die Niederlassung im Zentrum, dort wo die Syra in die Elster mündet. Das heißt auf deutsch soviel wie „Holzschwemme", „Flößplatz" oder auch „Überschwemmungsort". Auf alle Fälle lagen die ersten Behausungen dicht an den Wassern.

Die Sage will allerdings auf ihre Art wissen, wie Plauen entstanden ist und zu seinem Namen kam: Als ein Hirtenmädchen auf freiem Felde vor zwei himmelblauen Blumen kniete, trat ein Hirtenknabe zu ihm, Johannes geheißen. Und weil das Mädchen die Blumen nur dann bergen konnte, wenn sie einen unschuldigen Knaben zum Genossen hatte, so zögerte er nicht und bot ihr seine Hilfe an. Nun knieten beide vor den himmelblauen Blumen und hoben sie mit ihren Händen aus dem Erdreich. Danach tauschten sie ihre Blumen gegenseitig und schlossen damit einen Herzensbund.

Bald prangte an der Stelle, an der die Wunderblumen erblüht waren, ein stattliches Kirchlein mit zwei Türmen, die zur Erinnerung an den Knaben und zu Ehren des Täufers am Jordan Johanniskirche genannt wurde. Von der Zeit an zogen die Leute von nah- und fernher, um sich im Schutze des Gotteshauses anzubauen und seßhaft zu werden. Und sie wußten nichts besseres, als in Erinnerung an die blauen Blumen ihren Ort „Blauen" zu nennen, woraus später „Plauen" geworden sein soll.

Damals hieß der Gau „Dobna", nach einem Bach dieses Namens, an dem sich die Siedlung entwickelte. In dieses Lehnsland hatte der Kaiser die Grafen von Everstein aus der Gegend von Holzminden gerufen, um über die heidnischen Bauern zu herrschen. Am Steilabfall eines Hügels, den Syra und Elster umfließen, bauten sie ihre Burg. Von dieser Höhe aus konnten sie die Brücke über die Elster und die Heerstraßen kontrollieren. An Plauen zogen wichtige Handelswege vorüber. Sie verbanden das Vogtland mit bedeutsamen Städten wie Nürnberg, Augsburg, Wien, Prag, Leipzig und Dresden. Auf ihnen rollten die Frachten, Waren von Ost nach West, Nord nach Süd und umgekehrt. Mit ihnen kamen die Nachrichten in die Stadt, Vorbilder und Anregungen. Das mußte sich befruchtend auf die Entwicklung der Siedlung auswirken. Zu aller Leidwesen zogen auf ihnen auch fremde Heerhaufen entlang. Und das selten in friedlicher Absicht. Später, als die Herren von Everstein längst vergessen waren und die Burg zur Ruine verfallen war, entstand aus den Trümmern von 1727 bis 1730 Plauens städtisches Malzhaus.

An der Burg und zwischen Burg und der slawischen Siedlung bauten deutsche Ankömmlinge ihre Häuser, in alten Urkunden mit „Hofstätten" ausgewiesen.

Bischof Dietrich I. von Naumburg veranlaßte Graf Adalbert dazu, für den Dobnaugau eine Pfarrkirche errichten zu lassen. Aus einer der ältesten vogtländischen Urkunden ist zu erfahren, daß der Bischof diese Johanniskirche, unter dem Patronat des Grafen von Everstein, im Jahre 1122 weihen konnte. Die Kirche sollte auch ihre politische Bedeutung erlangen. Für das obere Vogtland begann die Zeit der Germanisierung und Christianisierung, ein neuer Abschnitt in der Geschichte der Besiedlung dieses Landstrichs.

Plauens Vorzeigestück ist das altehrwürdige Rathaus mit seiner berühmten Kunstuhr.

37

Keine hundert Jahre später ließen sich nahe der Johanniskirche Deutschritter nieder, Männer mit weißen Mänteln angetan und einem schwarzen Kreuz darauf. Sie bildeten die Plauener Komturei der Ballei Thüringen, um landweit Heidenpredigt und Krankenpflege auszuüben. Auch Predigermönche, Dominikaner, kamen im 13. Jahrhundert herzu, um an der Heidenmission teilzunehmen.

Kurz nach 1200 erlangten die ehrgeizigen Vögte von Weida ihr Lehen im Dobnagau. Inzwischen hatte sich Plauen derart vergrößert, daß daraus 1224 eine Stadt wurde, angelegt nach dem Schema der deutschen Gründungsstädte, mit einem gitterförmigen Straßennetz und einem großen rechteckigen Marktplatz. Darüber hinaus hatte Plauen teilweise doppelte Stadtmauern, mit Türmen und Gräben, dort, wo die natürlichen Wasserläufe nicht schützen konnten.

1224 war auch das Jahr, in dem die Weidaer Vögte ihr Kirchenpatronat an den Deutschen Orden abtraten. Denn der hatte sich mächtig entwickelt. Als die Neustadt entstand, dehnte er seine Anlagen innerhalb der Stadtmauern bis an den Rand der Syra aus. Dieser „Komturhof" diente den Deutschherren als Wohnung. In ihm war eine Schule eingerichtet, und die Wirtschaftsgebäude erstreckten sich bis hinab ins Tal.

Der um 1350 erbaute Hradschin, die Burg der Vögte auf dem linken Elsterufer, war bald das Bindeglied, das Plauens Altstadt mit der Neustadt zusammenhielt.

Schlimme Zeiten kamen über die Stadt durch Brände 1548, 1635, 1723 und 1844. Schlimmer aber war der Einfall der Hussiten am 25. Januar 1430. Nahezu alle Häuser wurden das Opfer der Flammen, die Frauen geschändet, Priester erschlagen, Kirche und Komturhof fielen in Trümmern.

Endlich, nach langen Fehden, ausgetragen zwischen den Thüringer Landgrafen, Meißner Markgrafen, dem aufstrebenden Geschlecht der Vögte zu Weida und den Königen von Böhmen, kam das für alle wichtige Durchgangsland im Jahre 1466 an das Haus Wettin. Zu dieser Zeit hatte die Stadt 1700 Einwohner, die 230 Häuser besaßen. Als dann 1485 das Land geteilt wurde, fiel Plauen der kurfürstlich-ernestinischen Linie zu.

Fanatiker der Reformation stürmten im wilden Überschwang 1525 das Kloster. Dem Komtur Georg Eulner und dem Dominikanermönch Georg Raute, der mit Luther Briefe austauschte, wird es zugeschrieben, daß sich in Plauen verhältnismäßig rasch der Gedanke der Reformation durchsetzen und festigen konnte. So wurde dann Plauen auch die erste Superintendantur Sachsens.

Bei der Reformierung wäre es fast zu einem Rückschlag gekommen, hätte dies nicht ein Unglück anderer Art verhindert. Am 15. Mai 1548 forderte der Kaiser nämlich, die Ordenskomturei wieder voll herzustellen, und damit die Rückgabe der Johanniskirche an den Katholizismus. An jenem Tag aber fiel

Plauen dem großen Stadtbrand zum Opfer, und unter all den niedergebrannten Gebäuden war auch die Kirche. Heilige Leute wollten darin sogleich ein Zeichen Gottes und des Richterspruchs sehen. Und sie drängten darauf, rasch wieder ein Gotteshaus zu errichten, gewissermaßen als Angebot ihrer Gottgefälligkeit.

Machtkämpfe der Parteien untereinander hemmten jedoch dieses Vorhaben. So hielt man lange Zeit die Gottesdienste unter freiem Himmel ab. Lediglich von einem Turm herab riefen zwei Glocken, vom Chemnitzer Kloster herbeigeschafft, die Gläubigen zum Gottesdienst. Dann aber, man schrieb das Jahr 1556, war eine dreischiffige gotische Hallenkirche vollendet. Im wesentlichen blieb ihre äußere Gestalt bis in unsere Zeit erhalten.

Im 15. Jahrhundert begann sich die Tuchmacherei in der Stadt niederzulassen. Plauens Tuche hatten landweit einen guten Ruf. Begünstigt durch die Straßenlage kamen sie rasch in die großen Städte, auf Messen und Märkte. Zu den Tuchmachern gesellten sich ab 1600 auch Erzeuger von Baumwollwaren. Denn seit dem 16. Jahrhundert gelangte Baumwolle aus Zypern ins Land. Wie aus den Chroniken zu ersehen ist, feierten schon 1687 Plauener „Schleierherren" ihre Blütezeit. Mit den Tuchen hatte es später ohnehin seine Schwierigkeiten. Durch moderne Maschinen konnte England den Konkurrenzkampf für sich entscheiden und Tuche für 7 bis 8 Taler das Stück liefern, indessen die vogtländischen Tuche nicht unter 14 Taler zu haben waren.

Als Ende des 18. Jahrhunderts in Plauen die Kattun- und Musselinwebereien und Kattundruckereien Fuß faßten, gab es goldene Zeiten. Die Plauener Erzeugnisse hatten hohes Ansehen wegen ihrer guten Qualität, und die Geschäftsleute waren als „honett" bekannt. So habe man auf der Leipziger Messe kistenweise Ware verkauft, ohne daß sie sich vorher der Käufer öffnen ließ.

Die Baumwollerzeugnisse mögen den Übergang eingeleitet haben zu dem, was Plauen weltweit bekannt machte. Seit Mitte des 19. Jahrhunderts beginnt sich die Spitzenherstellung zu entwickeln, die später Plauen den Beinamen „Spitzenstadt" einbrachte.

Der Frau des Kaufmanns Krause wird zugeschrieben, sie habe 1810 das Sticken in die Stadt gebracht und ähnlich wie Clara Angermann, die das Tamburieren in Eibenstock einführte, die Not der Bevölkerung lindern können.

1791 stand in Plauen die erste Spinnmaschine und 1863 der erste mechanische Webstuhl. Handstickmaschinen kennt man seit 1857. Später trat an ihre Stelle die Schiffchenstickmaschine, die dann schließlich durch den Automaten abgelöst werden konnte.

Plauens Stadtbild wäre ohne die alles überragende Johanniskirche unvollständig. Noch einmal war sie in Mitleidenschaft gezogen worden, als in den Apriltagen 1945 die Bomben auf die Stadt niederhagelten und aus ihr ein

Plauen mit der Johanniskirche. Teilstück der Stadtansicht von Dilich, 1628

Trümmerfeld machten. Nach ein paar Jahren war sie aber wieder aufgebaut und benutzbar geworden.

Die beiden Zwiebeltürme prägen aber nicht nur das äußere Stadtbild. Sie selbst sind ein Stück Geschichte, sind steinerne Zeuge fröhlicher und trauriger Zeiten, derer, die in ihrer Nähe lebten und wirkten oder unter dem Dach der Kirche Trost und Erbauung fanden. Und so hatten wir uns nur in sie hineinversetzen, gewissermaßen mit ihren Augen schauen brauchen, um das Geschichtsbild einer Stadt zu zeichnen, die als Herzstück des Vogtlandes gilt.

Pausa, der „Mittelpunkt der Erde"

Jules Verne hätte seinen Helden viel Ungemach und Not ersparen können, als er sie auf die Reise zum Mittelpunkt der Erde schickte. Sie brauchten lediglich in Plauen den Zug zu besteigen, die Beine zu strecken, sich so an die 15 Kilometer durch Felder und Wiesen schaukeln zu lassen, bis sie Syrau, Mehltheuer und Bernsdorf hinter sich wußten, um ihr ersehntes Ziel, den Mittelpunkt der Erde vor sich zu haben. Wer freilich einen Phileas Fogg in 80 Tagen um die Erde jagt, dem muß dabei ihr Mittelpunkt entgehen.

Tatsächlich, Pausa steht dem Schilda nicht nach, das seit dem 17. Jahrhundert den literarischen Mittelpunkt der Schildbürgerstreiche bildet, und nimmt für sich in Anspruch, den der Erde zu sein. Das kleine Städtchen in Sachsens südwestlichster Ecke, am Oberlauf der Weida, hat sich vieler Widersacher zu erwehren, die gleiches von sich behaupten.

Im Städtchen Schwetzkau bei Lissa in der ehemaligen Provinz Posen soll man sogar das Drehgeräusch der Erde vernehmen können. Übrigens wird das auch vom schlesischen Städtchen Stroppen berichtet. In Braunschweig will das Dorf Neuenkirchen der Mittelpunkt der Erde sein, in Pommern wird das von mehreren Dörfern bei Stargard berichtet. Und in der Provinz Sachsen bewirbt sich das Dörfchen Poppau bei Klötze um den Titel. Hier habe man beim Hausbau in der Nähe eines Teiches die Kette gefunden, mit der man den Mittelpunkt der Erde feststellte.

Zu all den Orten in der Fremde gesellt sich auch das vogtländische Städtchen Tanna. Bei der Popularisierung der Legende vom Erdmittelpunkt hatten die Pausaer die Nase vorn. Wer kann schon eine „Erdachsendeckelscharnierschmierkommission" aufweisen, der es zufällt, zu bestimmten Zeiten den hier befindlichen Nippel des Erdballs gütlich zu ölen, um das Heißlaufen zu verhindern? Das erfolgt mit der „Erdachsenschmiere" und dem „Erdachsenöl", hochprozentig in Pausa destilliert und in Flaschen abgefüllt, gern von Unbefugten erworben und zweckentfremdet zum Ölen der eigenen Kehle verwendet. Im „Ratskeller" zeigte man früher den Fremden die durch eine Metallkapsel abgedeckte Erdachse. Dort war ein „Guckloch" in den Fußboden eingelassen.

Durch ein Vergrößerungsglas konnte man einen sich drehenden Globus sehen, sobald man ein paar Pfennige der Armenkasse zuwendete. Heute hat die Räume die Kreissparkasse inne. Hier weiß man vom Guckloch nur durch Hören und Sagen. Auch von einem Kaffeehaus „Zur Erdachse" wird gelegentlich gesprochen.

Auf welche Weise die Legende in die Welt kam, weiß keiner so recht zu sagen. Die einen meinen, sie sei der Auswuchs einer Mitte des vorigen Jahrhunderts in Pausa erschienenen Zeitung „Aus der Mitte Deutschlands". Dem widersprechen die Tannaer und verweisen auf die Schleizer Zeitung „Politische

Blätter aus der Mitte Deutschlands", die der Oberpfarrer Frommhold aus Tanna herausgegeben hat.

Tatsache ist, daß Pausa um 1850 so ziemlich im Zentrum des damaligen Vogtlandes lag. Zur Begründung dazu heißt es durch Dr. Köhler im Jahre 1867, man brauche auf der Karte nur die Spitze eines Zirkels in Pausa einstechen „und bis an die nördliche Landesgrenze des Fürstenthums Reuß jüngere Linie, also ungefähr bis auf die halbe Strecke zwischen Gera und Zeitz ausspannen, und damit auf der Karte einen Kreis beschreiben, so wird man im Allgemeinen die Grenzen des alten Vogtlandes haben." Das machte die Bürger stolz, und sie nannten sich: „Wir Pausaer vom Mittelpunkt." Wenn man einer Ansichtskarte glauben darf, lag Pausa beim Premierflug des Zeppelins in der Mitte der Flugstrecke. Und zweifelt man auch an der Beweiskraft dieses Arguments, wissen alteingesessene Pausaer die Weltkarte so raffiniert zu falten, daß ihr Städtchen im Zentralknick liegt.

Pausa bleibt seiner Münchhausiade auch in der Gegenwart treu.

*

Nun wäre über Pausa nur die Hälfte gesagt, berichtete man nicht über den Ort selbst und seine Geschichte. Denn Kuriositäten können lediglich Flackerlichter sein auf dem langen Weg zwischen Vergangenheit und Gegenwart.

Pausa wird 1263 erstmals genannt in einer Kaufurkunde zwischen dem Deutschherren-Ordenshaus und dem Kloster Mildenfurth. Damals hieß der Ort „de Buzin", „Pussen" aber auch „Puszen", wahrscheinlich von einem slawischen Personennamen abgeleitet. Etwas mehr als hundert Jahre später, 1393, ist daraus bereits eine Stadt geworden, hat die Kirche St. Michel und auch Anfänge einer Stadtummauerung.

Ob eine slawische Siedlung vorausging, gelegen an der Weida und der Straße nach Unterreichenbach, bleibt umstritten, auch, daß inmitten der Stadt eine zerstörte slawische Befestigung gelegen hat. Die Bezeichnung „Hradschin" im Norden des Ortes kann sich auch auf einen festen Hof der Plauener Herren bezogen haben. Von ihm ist seit der zweiten Hälfte des 15. Jahrhunderts jede Spur verwischt.

Pausas Bürger bauten ihre Häuser entlang der Straße, die von Weida über Zeulenroda nach Hof führte. Auf ihr rollten die Planenwagen vorüber. Manch einer hielt an. Die Fuhrleute blieben über Nacht, brachten Waren oder nahmen welche mit. Auch sonst schuf die Straße die Verbindung zur übrigen Welt. 1606 wurde sie über Schleiz verlegt. Das war zunächst ein Rückschlag, sollte sich aber während des Dreißigjährigen Krieges als vorteilhaft erweisen, denn dadurch kam kaum fremdes Kriegsvolk herzu.

Pausa blieb über die Jahrhunderte hinweg ein bescheidenes Landstädtchen. Die Stadtbürger betrieben eine armselige Landwirtschaft und teilten oft Wohnung und Stall unter einem Dach. Nach und nach wurden aus ihnen Textilhandwerker, vor allem Leinweber. Um 1800 gab es 180 davon. Dazu kamen dann noch Strumpfwirker, die nach Zeulenroda lieferten. So war es dann auch in der weiteren Zeit die Textilindustrie, die den Bewohnern zu Lohn und Brot verhalf.

*

Und noch eines hätte Jules Verne seinen Helden gewähren können, schickte er sie statt gefahrvoller Wege zu seinem Mittelpunkt der Erde, zu dem im vogtländischen Pausa, nämlich eine Badekur! Und es ist nahezu gewiß, die hätten sie nicht ausgeschlagen.

Es ist so: Pausa verfügt über heilsame Wässer und hieß über eine Zeit hinweg „Bad Pausa". Unglückliche Umstände verhinderten, daß es heute neben Brambach und Elster steht, wenn von den vogtländischen Bädern die Rede ist.

Wer von den Pausaer Stadtvätern im Jahre 1749 darauf kam, eine eigentlich schon vergessene und verschüttete Quelle aufzuspüren und freizulegen, bleibt unbekannt. Gewiß ist, daß man sie gut und gerne ein Jahrhundert früher schon kannte und faßte und von ihrer Heilkraft wußte. In den Wirren des Dreißigjährigen Krieges geriet sie in Vergessenheit. In solchen Zeiten haben die Leute andere Sorgen, als eine Quelle zu hüten und zu pflegen.

In den Freiberger Bergamtsarchiven ist eine Lehnsurkunde aus dem Jahre 1739 aufbewahrt, die den Rat zu Pausa als rechtliche Besitzer der Eisenquelle „Gottesgeschenk" ausweist. In der Akte heißt es: „. . . daß dieses Wasser schon über 100 Jahre bekannt und brauchbar gewesen und solches viele Kranke in mancherley Beschwerden zu ihrer erwünschten Genesung wiederumb getrunken . . ."

Diese sicherlich wissenschaftlich nicht begründete Wirkung sollte sich allerdings bei späteren Analysen bestätigen. In ihnen werden die Pausaer Wässer als „erdig-alkalische Stahlquellen mit den Hauptbestandteilen Kohlensäure und Eisen" bezeichnet.

So beginnt um 1750 die Geschichte des Pausaer Bades. Von einem „Badebetrieb" im üblichen Sinne war freilich wenig zu spüren. Man hatte die Quelle lediglich mit ein paar Hölzern gesichert. Für ein Badehäuschen war das Stadtsäckel zu mager. Wer sich einer Trinkkur unterziehen wollte, dem blieb nichts weiter übrig, als im Krug das Wasser zu schöpfen und heimzuholen. Und Pausaer, die eine Holzwanne besaßen, konnten Badegäste aufnehmen, wenn sie sich bereitfanden, für sie das Wasser in Eimern und Fässern heranzuschaffen.

Dieses kümmerliche Badeleben schleppte sich über die Jahre dahin, so lange, bis die hölzerne Quellfassung zerfiel und keiner mehr der heilenden Wirkung des Wassers Achtung zollte.

Im Jahre 1801 erinnerten sich die Pausaer wieder ihres „Gesundbrunnens". Er wurde neu gefaßt und erhielt sogar ein Brunnenhäuschen. Aus dem Ort jedoch ein Bad zu entwickeln, wie Karlsbad, Teplitz oder Elster, mit Wandel-

*Auf Pausas Rathaus dreht sich die Nachbildung der Erdkugel und symboli-
siert den hier liegenden „Erdmittelpunkt"*

hallen, Brunnenfrauen, Promenaden, Pensionen und Kurkapelle, davon wagte niemand zu träumen. Wenn auch 1832 ein gewisser Aufschwung einsetzte, als ein Bürger das Quellgebiet gekauft hatte, blieben die zahlreich erwarteten Kurgäste aus.

Ein glücklicher Umstand wehrte eine erneute Misere ab: 1834 entdeckte man eine zweite Quelle, fortan „Sophienquelle" genannt. Sogleich wurden sechs Badestuben eingerichtet. Auch sonst gewann Bad Pausa an Ansehen. Am Jahresende wies die Kurliste 115 Namen aus, von Badegästen, die fleißig vom Wasser getrunken und 2500 Wannenbäder genommen hatten.

Diese Belege und medizinischen Gutachten über Heilerfolge, von Badeärzten nachgewiesen, bestärkten 1840 den Pausaer Rat, sich mit einer Petition an die Zweite Kammer des Sächsischen Landtages zu wenden, um das staatliche Interesse für die Entwicklung des Bades zu wecken. Es erfolgte keine Resonanz. Auch spätere Gesuche fanden in Dresden keinen Widerhall. So blieb Bad Pausa ein Kümmerling und konnte nur scheelen Auges auf das erblühende Elster blicken, auf Marienbad und Franzensbad nebenan im Böhmischen.

1878 und zehn Jahre später, 1888, wurden zwei weitere Quellen entdeckt, die „Albertquelle" und die „Carolaquelle", benannt nach dem seit 1873 regierenden sächsischen König und dessen Gemahlin. 1888 hatte das „Mineral- und Moorbad Pausa" 200 Badegäste, so aus Dresden, Leipzig, Magdeburg und Hamburg. Sie brachten Leben in das Städtchen! Spazierten die Badegäste zwischen den Häusern dahin, drückte sich manche Nase eines Einheimischen an der Fensterscheibe platt. Jedoch, auch das war nur ein Aufflackern! Allzu oft wechselten die Besitzer des Quellgebietes, was dem Bad mehr als abträglich war.

So erstarb im Jahre 1907 jeglicher Badebetrieb, die Quellen blieben fortan ungenutzt und verfielen allmählich. Das Wasser ist bei Untersuchungen im Jahre 1961 so verschmutzt gewesen, daß es für Trinkzwecke gesperrt wurde.

Aus Pausas Zeit als Badeort erinnert das Alte Badehaus, ein Gebäude aus der Zeit um 1850, und der Naturpark. Hier befinden sich die alten Heilquellen in massiv ausgebauten Brunnen.

Die Ecke ostwärts von Schleiz, verwaltungsmäßig zwischen Thüringen und Sachsen hin- und hergerissen, gehört dem Wunsch der Einwohner nach seit jüngster Zeit wieder nach Sachsen. Dadurch bekam der Freistaat ein paar Quadratkilometer Land dazu, Pausa und den „Mittelpunkt der Erde"!

Das Burgsteingebiet und Hermann Vogel

Wie das manchmal im Leben so ist: Ein frischer, aber sonniger Vorfrühlings-tag litt uns nicht mehr daheim. Zu lange hielt uns der Winter in der Zange. Der Schnee hatte sich bis an die Waldränder zurückgezogen, war grau geworden und vom Alter gezeichnet.

Wir nahmen uns vor, eine Stippvisite im fränkischen Vogtland zu unterneh-men, in Regnitzlosau, Rehau oder Feilitzsch auf Entdeckung zu gehen, um kennenzulernen, was uns bislang weltfern zu liegen schien.

Als dann auf der Autobahn hinter Plauen das Fahrzeuggedränge immer dich-ter wurde und der schöne Sonnentag in dunstblauen Auspuffgasen zu er-

Durch die gigantische Ziegelsteinbrücke verwachsen im Elstertal Natur und Technik zur Einheit

sticken drohte, warfen wir das Handtuch, drehten rechts ab und verließen zur Freude der Nachfolgenden die Autokarawane.

Wir fuhren entlang dem Tal der Weißen Elster und unter der Steinbogenbrücke der Autobahn hindurch, von der es keine größere in der Welt geben soll. So kamen wir in eine für uns bislang ebenso entrückte Landschaft, wie es das fränkische Vogtland gewesen wäre, in das Burgsteingebiet.

Wer sich darüber in einschlägiger Literatur oder auf Wanderkarten aus DDR-Zeiten orientieren will, unterzieht sich vergebener Mühen. Zu grenznahe lag dieses Gebiet. Darüber näher zu unterrichten, hätte Flüchtigen helfen können! Die nahe Autobahn führte ohnehin die Bezeichnung „nicht befahrbar". Und so bereitete es keine Schwierigkeiten, statt des Kartenbildes einen Kasten zu drucken mit „Zeichenerklärungen", als läge an dieser Stelle gar nichts. In dieses „gar nichts" waren wir eingebogen. Die Dörfer dieser Landschaft, wie Geilsdorf, Gutenfürst, Krebes, Ruderitz oder Schwarzenreuth, weit weggerückt aus dem öffentlichen Geschehen, waren im wahrsten Sinne des Wortes „Sperrgebiet". An dem noch nach der Wende geschlossenen Gasthof von Krebes, in dem einstmals die Burgstein-Milda bewirtete, war zu lesen: „Das war kein Krieg. Das war kein Tschernobyl. – Aber 40 Jahre Diktatur waren zuviel!"

Nicht weit hinter der Autobahn macht die Straße einen Knick und mündet in das Kemnitztal ein mit seinen Himmelschlüsselwiesen. Um sie in ihrer Blüte zu sehen, dafür waren wir jahreszeitlich nun doch zu früh. Von der „Neumühle" spazierten wir zum Naturdenkmal „Artesischer Thermalbrunnen". Wir waren nicht die einzigen, die dem Plätschern der kleinen Fontäne lauschten und aus der hohlen Hand das lauwarme Mineralwasser schlürften.

Das Burgsteingebiet, benannt nach zwei Kirchenruinen, hat ganz den Charakter der für das Vogtland typischen Kuppenlandschaft mit Bergrücken und Pöhle, die einander abwechseln. Gibt der Wald den Blick frei, breiten sich Lehnen aus. Doch gibt es auch da und dort Felsklippen, Steilwände und Blockfelder, die zu allerlei Kletterkünsten verleiten.

Unser Fahrzeug lenkten wir nach Geilsdorf, von dem Meltzer 1898 sagte: „Es gehört nach Lage und Beschaffenheit zu den schönsten Dörfern des Vogtlandes." Die alte Block- oder Gutsblockflur erstreckt sich den Fliegenbach entlang. Sie wird vom Eichelberg, Hahnenpöhl und Hungerpöhl umlagert.

Sein ältester Teil ist die Ortsmitte. In Urkunden wird Geilsdorf schon 1328 genannt. Das Wasserschloß entstand aus Überresten einer alten Wasserburg, auf Eichenpfählen errichtet. Zum Schloß umgebaut wurde sie 1670 und 1719 erneuert. Fachleute meinen, der Saal und die Gewölbe ähnelten dem Palais im Großen Garten von Dresden. Die ursprünglichen vier Ecktürme wurden durch Schornsteine abgeschlossen. Nur noch ein solcher Turm blieb als Ruine erhalten. Er vermittelt einen gewissen Eindruck von der Größe und dem Aussehen des alten Wasserschlosses.

*

Der Burgstein, dem wir zustreben, liegt auf einer felsigen Anhöhe zwischen Krebes und Ruderitz. Zwei malerische gotische Kirchenruinen künden von vergangenen Zeiten. Lange galten sie als Symbol der vogtländischen Heimatbewegung. Und es sieht ganz so aus, als könnten sie es wieder werden. Hier ging es ehemals auf andere Art lebendig zu. Ganz in der Nähe verlief die Grenze zwischen dem Dobnagau und dem Regnitzland. Die alte Handelsstraße von Bamberg und Kulmbach führte vorbei, die Hof und Plauen zustrebte. Der Burgstein lag an der Grenze der Bistümer Bamberg und Naumburg. Schließlich stand auch ein nahes Kupferbergwerk, wegen seiner hohen Erzausbringung, in hohem Ansehen. In den Urkunden von 1479 wird von „zcum Bruckstein" und 1505 von „Purkstein" geschrieben. Das ist eine Umdeutung und heißt, daß die Gemäuer von einer Burg herrühren.

Beide Ruinen liegen kaum einen Steinwurf voneinander entfernt. Von ihnen ist die westliche die ältere. Die einstige Kirche wurde 1409 geweiht und danach von vielen Pilgern besucht. Um sie bemühte sich der Naumburger Sprengel ebenso wie der Bamberger. Sicher waren es auch die Einnahmen aus dem Kupferbergwerk, 1475 „Zu unserer lieben Frau auf der Platte" geheißen, die zu Zwistigkeiten zwischen den Sprengeln führten. 1487 konnten sie dann gütlich beigelegt werden.

Der Friede am Burgstein sollte aber nicht lange währen. Denn 1509 überfielen 30 Reiter und 60 Fußknechte des Markgrafen von Bayreuth, dem Hof und das Regnitzland bis Krebes gehörte, das Kupferbergwerk und vertrieben die Arbeiter. 15 Jahre später, 1524, schlossen dann der Burggraf von Nürnberg und der Kurfürst von Sachsen, Friedrich der Weise, jenen Vertrag, der die Landesgrenzen zwischen Bayern und Sachsen bestimmte, die bis heute bestehen.

Dem Ritter Kaspar Sack wird zugeschrieben, daß er aus den frommen Spenden der Wallfahrer die zweite Kirche errichten ließ, indessen die baufällig gewordene alte vernachlässigt wurde.

Bis zur Reformation pilgerten die Gläubigen aus dem Regnitzland herzu und aus den sächsischen Regionen. Der Rodersdorfer Pfarrer Trommler, der 1767 darüber berichtete, will von einem wundertätigen Marienbild wissen, das den Wallfahrtsort berühmt gemacht habe. Erst nach der Reformation, in der ersten Hälfte des 16. Jahrhunderts, wurde er gegenstandslos und die Kirchen blieben dem Verfall preisgegeben.

Die westliche, also ältere der beiden Kirchen, wurde aus Grünstein gebaut und unmittelbar dem Felsen aufgesetzt. Das unregelmäßige turmartige Schiff ist der älteste Teil. Es könnte einmal der Wartturm gewesen sein. Die südliche Zugangspforte liegt drei Meter über dem Erdboden. Der spitzbogige Triumphbogen wird dem 14. Jahrhundert zugeordnet.

Die sich ostwärts befindende Ruine liegt etwa fünf Meter tiefer. Von ihr sind die 80 Meter lange und 16 Meter breite Umfassungsmauer erhalten. Das

Hermann Vogel, Illustration zu „Hänsel und Gretel", München, 1894

Hermann Vogel: Vogtländische Winterweihnachten

rechteckige Schiff hat einen eingezogenen geschlossenen dreiseitigen Chor. Wie bei der älteren Ruine kann man auch hier an den Eckpfeilern die Wölbung erkennen.

Dies und manches mehr erfuhren wir aus den sachkundigen Erklärungen eines Mannes, die er einer Reisegruppe gab. Dabei kamen uns ein paar Zeilen in den Sinn, die der vogtländische Mundartdichter Louis Riedel über den Burgstein geschrieben hatte:

> „Sist kame de Leit wallfahrten
> zen Burgstaa mit fromme Gemüt,
> heit machen se Sängerfahrten
> un singe manch neckisches Lied . . .“

Nein, Sänger waren die Leute dieser Reisegesellschaft nicht, und sie sangen auch keine neckischen Lieder auf dem Burgstein. Sie gehörten einem Kegelklub an und kamen aus Nürnberg.

Der Rückweg führte uns über altes Bergbaugebiet, die „vordere und hintere

Platte" zum alten Huthaus aus dem Jahre 1759 und von da über Schwarzen-reuth nach Krebes.

*

Krebes ist eine kleine, wenige hundert Einwohner zählende und mit Ruderitz zusammengeschlossene Gemeinde. Die Häuser liegen abseits des Weltge-triebes und der lauten Autostraßen.

Hier lebte und wirkte der spätromantische Maler und Illustrator Hermann Vo-gel, der durch seine Märchenillustrationen bekannt wurde. Im Ort befinden sich das Wohnhaus, das er lange Zeit benutzte, und auf dem Friedhof seine Grabstätte. Dem Gemeindeamt gegenüber gibt es eine kleine Ausstellung über sein Leben und Werk, die Ortsgeschichte und das Burgsteingebiet.

Vor fast hundert Jahren hatte sich Vogel sein „Traumhaus aus dem Märchen-land" nach eigenen Plänen hier in Krebes am Kirchpöhl bauen lassen. Jedes Jahr im Herbst kam er aus Plauen heraus, um über Winter auf dem Dorf zu wohnen. Später blieb er für immer in Krebes.

*

Wer Hermann Vogels Bilder und Illustrationen kennt, wird sich dem Urteil nicht enthalten können, daß er nur hier, nahe der Natur und inmitten seiner vogtländischen Heimat, die Poesie empfangen konnte, die seinem Werk ei-gen ist. Das rückt ihn als Künstler an die Seite von Ludwig Richter oder Mo-ritz von Schwind. Vogels Bilder sind voller Innigkeit, Humor und Selbstironie. In vielen spiegelt sich ein Stück Burgsteingebiet oder Krebes wider.

Hermann Vogel war der Sohn eines künstlerisch veranlagten Maurermeis-ters. Er wurde am 16. Oktober 1854 in Plauen geboren. Den Besuch des Plauener Gymnasiums schloß er mit guten Noten bei der Reifeprüfung ab und begann Rechtswissenschaften zu studieren. Davon unbefriedigt, wech-selte er auf die Dresdner Kunstakademie über. Angewidert von dem monoto-nen Lehrbetrieb, der sich vor allem im ständigen Zeichnen nach Gipsmodel-len erschöpfte, gab er das Studium auf. Autodidaktisch betrieb er fortan vor allem Naturstudien. Sein lebendiger Strich und die Sicherheit des Entwurfs machten ihn bekannt und bald zum Mitarbeiter der „Fliegenden Blätter". Her-mann Vogel illustrierte u.a. Spamers „Weltgeschichte", Scheffels „Ekkehard" und die Märchen von Rudolphi und der Brüder Grimm. „Er war ein Mensch mit glücklichen Augen und sah mehr als andere . . ." urteilt über ihn ein Kriti-ker. Hermann Vogel starb hochgeehrt am 22. Februar 1921 in Krebes. Die kleine Lebensbeschreibung hatte uns im Wirtshaus ein Tischgenosse gege-ben, der dazu sein Bier und zwischendurch einen „Weißen" trank.

So hatten wir, gleich Kolumbus, ein Stück Neuland erschlossen, jenes, das uns das Kartenbild vorenthielt. Man müßte eine große Glasglocke darüber stülpen können, um es in seiner Unberührtheit erhalten zu können, weitab des großen Weltgetriebes!

Aus der vogtländischen Sagenwelt

Der wundersame Ahornbaum zu Stelzen

In Stelzen, im Amte Voigtsberg, träumte einem armen Bauern, auf der Regensburger Donaubrücke könne er sein großes Glück finden. Am nächsten Morgen packte er seine Siebensachen, nahm Brot mit, Butter, Käse und die letzten Groschen aus der Hauskasse als Zehrgeld, und machte sich auf den Weg über Nürnberg nach Regensburg.

So sehr er auch auf der Donaubrücke hinüber und herüber lief und mit den Augen das Pflaster absuchte, konnte er außer weggeworfenem Kram der Passanten, Brotreste, Apfelstrünke und Kuchenrinden, nichts entdecken, das ihm hätte zu seinem Glück verhelfen können. Das machte ihn traurig. Und so blieb ihm keine andere Wahl, als an die Rückkehr in sein Heimatdorf im Amte Voigtsberg zu denken. Da begegnete ihm ein Mann auf der Brücke, der ihn ansprach und sich über seine Niedergeschlagenheit verwunderte.

Dem erzählte der Bauer seinen Traum und redete von seiner Armut, in die er unverschuldet geraten war, und auch, daß er mit den wenigen Kreuzern, die er noch hatte, nicht wisse, ob er sein Dorf in der Ferne erreiche. Der Fremde meinte daraufhin, wie könne er auch nur so närrisch sein und einen Traum für bare Münze nehmen. Ihm habe auch einmal geträumt, er solle auf der Stelle seinen Proviantsack schnüren und nach dem Dorfe Stelzen im Vogtland reisen. Dort werde er vor dem Dorfe einen großen Ahornbaum finden. Wenn er nahe bei seinem Wurzelwerk grabe, werde er bald ein Gefäß voller Dukaten finden. Und er fügte sogleich hinzu: Wäre er nach dorthin gereist, könnten sie heute ihr Schicksal teilen. Dann steckte er ihm einen Gulden Wegegeld in den Karniersack und verschwand.

So konnte der Bauer seinen Heimweg antreten. Weil aber der von dem Fremden beschriebene Baum auf seinem Grund und Boden stand, machte er sich allerlei Gedanken über die wundersame Rede des Mannes.

Im Dorfe hatte es sich längst herumgesprochen, weshalb der Bauer nach Regensburg gegangen war. Als man ihn aber arm wie eine Kirchenmaus heimkehren sah, zerrissen sich die Dorfleute ihre Mäuler und rieben sich die Hände vor Schadenfreude.

Das störte den Bauern wenig. Denn bald nahm er Hacke und Schaufel, ging hin zu dem Baum, um nahe seines Stammes zu graben. Und wirklich, kaum hatte er die Rasenerde beseitigt, klirrte sein Werkzeug auf einem kupfernen Kessel. Uns als er ihn öffnete, er glaubte seinen Augen nicht trauen zu dürfen, fand er ihn randvoller Geldstücke neuer Prägung.

Statt einen Luftsprung zu machen, raffte er, was er raffen konnte und steckte ein, was Hose und Wammes zu fassen vermochten. Dann schloß er das Loch mit Erde, steckte einen Zweig darauf, damit er die Stelle wiederfinden konnte und eilte heim zu seiner Frau, ihr die Nachricht und die erste Probe des Schatzes zu überbringen. Nachdem der Bauer alle seine Taschen geleert hatte, nahm er seine Frau mit zu dem Baum, um den anderen Teil des Schatzes zu heben.

Von Stund an kehrte das Glück ein in das Bauernhaus. Die Schadenfreude der Dorfleute war längst verstummt. Viele warben um die Gunst des Bauern. Denn es hatte sich erfüllt, was ihm seiner Zeit im Traume erschienen war: Auf der Donaubrücke Regensburg hatte er sein großes Glück gemacht.

Pumphut in der Burckhardtsmühle

Vor langer Zeit lebte im Vogtland ein Müllerbursche, der den Namen Pumphut führte. Der ging dem Wasser nach und kam dadurch von Mühle zu Mühle. Bei den Müllersleuten, bei denen er gut aufgenommen wurde, setzte er sich nieder und bot bei einem Glas Branntwein und einem Kanten Brot allerlei Schwänke und Kunststücke. Danach ging er mit zufriedenem Gesicht seiner Wege. Da gab es aber auch Müllersleute, die, vom Geiz geplagt, ihn hungrig fortschickten. Denen spielte er arg mit.

Eines Tages kam Pumphut in die Burckhardtsmühle. Schon von weitem hörte er das lustige Treiben. Die Müller der Umgebung, ihre Frauen und schönen Töchter waren beieinander, aßen und tranken und waren voller Fröhlichkeit. Fidel und Dudelsack ruhten nicht und spielten einen Tanz nach dem anderen. Die Müllerin lief und brachte kannenweise den Wein herzu. Da rechnet sich Pumphut ein gastliches Mahl aus, einen vollen Bauch und eine feuchte Kehle. Er trat in die Gaststube, drängelte sich durch die tanzende und lärmende Menge, ohne ein Wort zu verlieren setzte er sich in einen hinteren Winkel.

Ein Junge, der die Gäste bewirten half, musterte den Angekommenen und fand in ihm einen feiernden Müllerburschen. Dem schob er einen ordinären Schnaps hin und ein Stück trocken Brot. „Da, Alter, mach dir eine schöne Stunde!" sagte er dazu.

Das ärgerte Pumphut, der sich vergebens auf einen guten Bissen gefreut hatte, und er schwur sich, dies dem Müller heimzuzahlen. Beim Weggehen fragte er den Jungen, was man denn so ausgelassen feiere. „Es soll ein Rad gehoben werden", antwortete er. Danach schlich Pumphut durch das Pförtchen, machte am besagten Rad seinen Hokuspokus und ging davon.

Nachdem sich die Gäste vollgegessen und wohl auch vollgetrunken und ausgetanzt hatten, versammelten sie sich am Rad, um in Gemeinsamkeit der feierlichen Handlung beizuwohnen. Alles war gerichtet, vermessen, ausgezirkelt, daß der Radhub hätte ohne Zwischenfall vorgenommen werden können. Doch keiner wollte seinen Augen trauen! Wie gebannt starrten sie alle zur baumstarken Welle. Sie war nicht weniger als eine halbe Elle zu kurz!

Der Müller brach in lautes Schreien aus und zerraufte sich das Haar. Einer rief: „Die paßte vorher wie angegossen!" – „Zum Teufel!" ein anderer. Und schließlich rief ein dritter der Anwesenden: „Wenns nur kein Streich vom Pumphut ist!" Da fielen allen die Schuppen von den Augen. Der Müllerbursche, ja, der da im Winkel saß, der war kein anderer als der närrische Schwarzkünstler Pumphut.

„Lauft ihm hinterdrein! Leute, geschwind ihm hinterdrein!" Das riefen sie alle durcheinander.

Es dauerte nicht lange, da fanden sie ihn am Bach sitzend. Und da er wußte, weshalb sie kamen, folgte er ihnen in die Mühle. Dort ließ er sich vom besten Essen auftischen und guten Wein dazu. Als er alles gütlich genossen hatte, klagten sie ihm den Unfall und ließen auch die Frage durchblicken, wie dem abzuhelfen sei. „Da müßte der Kuckuck drin sitzen! Schenk noch einen ein, Junge!" sagte Pumphut. Dann ging er hinaus, besah sich die verkürzte Welle, zog den Hut und beklopfte sie damit vorn und hinten. Als man danach das Rad ein zweites Mal hob, da paßte die Welle so angemessen wie vorher.

Die Müllersleute aber gaben Pumphut, wann er bei ihnen auch einkehrte, immer Butter und Brot und vom besten Branntwein.

Das Holzweibchen vom Schönecker Wald

Vor Zeiten lebte im Schönecker Wald ein Holzfäller, ein braver, mannhafter Bursche. Obwohl er mehr als für zwei arbeitete, reichte sein Verdienst kaum, die kranke Mutter und die kleinen Geschwister zu ernähren. Dabei mußte auch noch dann und wann ein Groschen abfallen für ein rotes Band, ein Tüchlein oder Schleifchen, um des Nachbarn Tochter zu beschenken. Beide mochten sich. Zum Heiraten jedoch fehlte ihnen vieles, vor allem Stube und Kammer.

Um der Not ein Ende zu bereiten, entschloß sich der Bursche schweren Herzens in die Welt zu ziehen, irgendwo Arbeit zu suchen, um so zu ein paar Groschen zu kommen. So zog er betrübt in den Wald, vor sich düstere Bilder der nächsten Zukunft. Plötzlich sprang ein kleines, graues Mütterchen aus dem Buschwerk mit einem Körbchen Reisig in der Hand. Das kleine Wesen hetzte auf ihn zu und schrie herzzerreißend, er möge geschwind drei Kreuze in die windgeworfene Fichte schneiden, die ihnen den Weg versperrte. Der wilde Jäger jage sie und wolle sie töten. Nur drei Kreuze in die Rinde eines Baumes geschnitten, könne sie davor retten.

Geschwind riß der Bursche das Messer aus der Tasche und schnitt die drei Kreuze in den Rindenstamm. Noch waren beide dabei, unter die Fichte zu kriechen, als das wilde Heer heranbrauste. Doch durch die drei Kreuze hatte der wilde Jäger alle Macht verloren. Fluchend und schimpfend jagte er mit seiner Meute davon. Das Holzweibchen nestelte ein Ästchen aus dem Reisig ihres Korbes und steckte es ihrem Retter zu. Und schon war sie verschwunden.

Der Bursche dachte: Ein Reislein als Geschenk, und das mitten im Wald! Ärmlicheres hat sich die Alte wohl nicht ausdenken können. Er wollte das Zweiglein fortwerfen, besann sich aber und steckte es an seine Mütze. Eigenartig wurde ihm, als das Mützlein schwerer und immer schwerer wurde. Und als er es vom Kopf zog, sah er, wie das Zweiglein gewachsen war und immer noch wuchs. Das machte ihn so unsicher, daß er sich nicht wagte, den Weg fortzusetzen. So kehrte er um, ohne zu wissen warum, und schlug den Heimweg ein.

Die Mutter streckte ihm zum Gruß die welke Hand entgegen. Des Nachbarn Tochter riß ihn an sich und rief einmal nach dem anderen: Wiederkommen bringt Freude!

Nun muß man wissen: Der wilde Jägersmann verfolgte das Holzweibchen deswegen, weil es aus seinem Garten von dem wunderbaren Goldbaum, den er dort hütete, sich ein Körbchen der besten Zweige geholt hatte. Ein solches Zweiglein war dem Burschen als Geschenk zugefallen.

Das Zweiglein hatte die seltene Eigenschaft, dauernd neue Blätter zu treiben. Verfärbten sie sich und wurden golden, schüttelte sie der Bursche. Und hatte er genug davon, füllte er damit einen Tragkorb, zog in die Stadt und verkaufte sie. Noch heute werden sie von schönen Damen als Schmuck auf ihrem Kleid getragen.

Der Erlös aus den goldenen Blättern war groß genug, die Mutter und die Geschwister gut zu versorgen, das Nachbarkind heiraten zu können und ein Häuslein zu bauen. Nach ein paar Jahren ging das Goldbäumchen ein. Vielleicht hat es auch das Holzweibchen zurückgeholt oder der wilde Jäger.

Der Teufel als Fuhrmann

Einstmals lebte im Vogtland ein Edelmann. Der stak von Fuß bis Kopf voller Jähzorn. Und mit jedem Atemzug fluchte und schimpfte er, was das Zeug hielt.

Eines Tages befahl er einem ihm untertanen Bauern, hinaus in den Wald zu fahren und den dort vom Wind umgeworfenen Baum hereinzuholen und auf das Schloß zu bringen. Da spannte der arme Mann seine mageren Tiere vor den Wagen und fuhr hinaus, dorthin, wo er den Baum finden konnte. Doch der war so mächtig in der Krone und hatte einen so dicken Stamm, daß ihn hätten auch zehn Pferde keine Handbreit bewegen können. Mutlos dachte er darüber nach, wie er von seinem Junker gescholten und geschlagen werde, käme er unverrichteter Dinge zurück.

Da trat der Teufel in menschlicher Gestalt an ihn heran und fragte, was ihn bedrücke. Sogleich erzählte der Bauer von seinem Unglück. Der Satan jedoch antwortete, er solle sich nicht grämen, vielmehr auf seinen Wagen steigen und nach Hause fahren. Er selbst werde seine Pferde holen und für ihn die Arbeit verrichten.

So geschah es dann auch. Alsbald war er dabei, den großen Eichenbaum mit seinen Wurzeln aus dem Grund zu reißen. Mit allen Zweigen und den Blättern daran legte er ihn auf den Wagen und fuhr damit dem Schloß entgegen.

Als er damit durch das Schloßtor wollte, klappte der Baum wie ein Regenschirm zusammen. Im nächsten Augenblick verklemmte er sich aber zwischen den Torsäulen, daß kein Weiterkommen war. Keine Macht der Welt hätte ihn weder vorwärts noch rückwärts bewegen können. Herbeigeholte Bauern, die ihn mit Axt und Säge zerteilen sollten, mußten bald erkennen, daß das Holz hart wie Eisen war. So sehr sie die Äxte schwangen, am Holz zeigte sich kein Kratzer. Lediglich sprang bei jedem Hieb ein Funkenregen davon. Und jede Säge war nach wenigen Zügen stumpf, als hätte man damit Granit geschnitten. So blieb dem jähzornigen Junker keine andere Wahl, als dicht daneben ein neues Tor in die Schloßmauer brechen zu lassen, wollte er auch weiterhin mit der Außenwelt in Berührung bleiben.

Das Geschehnis verbreitete sich wie ein Lauffeuer und brachte Neugierige und Schadenfreudige in Scharen aus nah und fern herzu, die es sich nicht nehmen ließen, das wundersame Teufelswerk mit eigenen Augen zu besehen. Und viele von ihnen befühlten den Baum, beklopften den Stamm oder pflückten von den Blättern ab, um von ihm ein Andenken zu haben.

Der Baum lag bis Ende des 17. Jahrhunderts an der Stelle, an die ihn der böse Geist gebracht hatte. Und alle, die zu ihm kamen, konnten es nicht lassen, gegen den Stamm zu schlagen, um sich vom Funkenregen zu überzeugen.

Inzwischen weiß man, daß der Teufel vor seinem höllischen Wagen gar keine Pferde gespannt hatte, sondern nur den Schatten, der die Gestalt der Voreltern des gottlosen Junkers vorstellte.

Oelsnitz, die „Stadt der Erlen und der Perlen"

Ginge es darum, eine Rangordnung zu finden der altehrwürdigen Städte des oberen Vogtlandes, gebührte Oelsnitz einer der vorderen Plätze. Das Schloß Voigtsberg vor den Toren ist dafür der Beleg, einstmals Trutzburg im gebirgigen Waldland und Zentrum eines Herrschaftsbereiches.

Der Stadt selbst ist allzusehr das vorige Jahrhundert anzusehen: Mietshäuser, Zweckbauten, Fabrikanlagen, typische Zeichen der Gründerjahre. Das ist freilich nicht verwunderlich, denn nach der großen Brandkatastrophe von 1859 erhielt die Stadt ihr wesentlich heutiges Gesicht mit festen hohen Steinhäusern, regelmäßig angelegtem Zentrum und vom Marktplatz aus in gerader Linie verlaufenden Straßenzügen.

Leupoldt, der 1868 seinen frühen Wanderführer herausgab, war kurz nach dem Brandunglück in der Vogtlandstadt und schrieb davon beeindruckt: „Bald sahen wir unser armes Städtchen in tiefer Trauer, denn über 300 Häuser lagen in Schutt und Asche und über 4000 Menschen waren obdachlos geworden. Das Feuer war Nachmittags 2 Uhr unweit des Marktes ausgebrochen, verzehrte das schöne Rathaus mit dem Thurme, die Markthäuser u.a. Die Kirche und Theile der Vorstadt nach Adorf zu blieben unversehrt, so wie die Gebäude um die Gottesackerkirche, ebenso die Platz'sche Fabrik. Um 4 Uhr Nachmittags konnte schon Niemand vor Hitze mehr in die Stadt, die allerdings viele hölzerne Häuser hatte und eng gebaut war ..."

Oelsnitz, in einem weiten Talkessel eingebettet, der von den Höhen des Elster- und Hainbachtales umschlossen wird, liegt inmitten eines alten Siedlungsgebietes. Wie zahlreiche Funde und andere Zeugnisse belegen, reicht seine Geschichte bis in die Bronze- und mittlere Eisenzeit zurück.

Der Name Oelsnitz ist auf eine frühe sorbische Siedlung zurückzuführen. „Oelsnica" heißt im Altsorbischen soviel wie „Erlenbach", was darauf hinweist, daß die ersten Anwesen entlang des Wasserlaufes standen. Wasser war ja überhaupt die wichtigste Voraussetzung zum Siedeln. Und da es in der Elster und ihren Nebenbächen reichlich Muschelbänke gab, kam es dazu, Oelsnitz später die „Stadt der Erlen und der Perlen" zu nennen.

Erste deutsche Siedler kamen vermutlich um 1200 und ließen sich rechts der Weißen Elster zu Füßen der Burg Voigtsberg nieder. Die Burg auf der Höhe bot ihnen Schutz und Sicherheit. Rückten Feinde an, konnten sie sich hinter ihre Mauern flüchten.

An der Stelle der späteren Altstadt lag das alte slawische Dorf. „vicus Olsenitz" wird erstmals 1281 genannt. Um diese Zeit mag es schon auf einer Felserhebung die Jakobskirche gegeben haben. Sie wurde zur Mutterkirche eines größeren Pfarrsprengels und später Pfarrkirche.

Die Siedlung wuchs planmäßig zwischen 1328 und 1356, gegründet von den

Oelsnitz um 1628. Stadtansicht von Dilich, 1628, Ausschnitt

Plauener Vögten, die damals hier die Herren waren. Vor allem handelspoliti-
sche Gründe bewegten sie dazu. Denn hier kreuzten sich die wichtigsten
Handelsstraßen von Eger nach Plauen und von Hof und Zwickau. Straßen-
kreuze waren immer Stapel- und Umschlagsplätze und dadurch förderlich für
allerlei Handel. Sie waren ja auch direkte Verbindungen in verschiedene Him-
melsrichtungen. Unmittelbar am Straßenkreuz entstand der rechteckige
Marktplatz, das Herzstück der Siedlung. Die günstige Lage mag dazu beige-
tragen haben, daß Oelsnitz bereits 1350 sein Stadtrecht erhielt.
Als man die doppelte Stadtmauer baute, ließ man des Aufwandes wegen die
unterhalb gelegene runde sorbische Siedlung aus. Später nannte man sie die
„Untere Vorstadt". Als Dilich 1628 die Stadt zeichnete, ist diese doppelte
Ringmauer noch funktionsfähig. Vier Tore gewährten Durchlaß, nach Westen
zu das Egerer und das Untere Tor, nach Nordosten zu die Pforte und ostwärts
das Obere Tor.
Heute sind von dieser mühsam aus Feld- und Bruchsteinen errichteten
Stadtmauer lediglich ein paar kümmerliche Reste am Steilhang zwischen der
Jacobikirche und der Grabenstraße erhalten geblieben. Bei der Stadtent-
wicklung war sie ein ewiges Hemmnis. So wurden aus ihren Steinen Häuser

und Straßen. Und jene, die ihr Fahrzeug auf dem kleinen Platz der Grabenstraße vor der Mauer parken, ahnen von ihrer Geschichte nur wenig.

Die ehemals zum Gau Dobna gehörende Siedlung kam durch den Vogtländischen Krieg im Jahre 1354 an die Markgrafen von Meißen und Landgrafen
von Thüringen, später dann an Kursachsen.

Die meisten Stadtbürger lebten vom Tuchmachen, danach von der Leinwe-
berei und zwischen 1511 und 1674 von einigen Bergwerken in der nahen Umgebung. Oelsnitz avancierte zu einer wichtigen Bergstadt des Vogtlandes mit
einem Bergamt, Bergmeister und Bergoffizianten.

Hatten die Bürger bereits 1430 durch die Hussiten schwer leiden müssen, so
konnte das nur durch die Drangsale von 1632 noch überboten werden. Hätte Johann Georg I. den Bürgern den notwendigen Entsatz gebracht, wäre viel
Unheil verhütet worden. So aber stürmten Holcks Truppen ein drittes Mal gegen die Stadt und konnte den lange gehaltenen Widerstand brechen. Am

Schloß Voigtsberg, Lithographie um 1850

13. August drangen Kroaten und Panduren durch die Tore und begannen ein fürchterliches Blutbad. Etwa 1000 Menschen kamen durch die Soldaten und das ausgebrochene Feuer ums Leben. Frauen wurden vergewaltigt, Kindern die Kehle durchgeschnitten und Priester vor dem Altar erstochen. Über Nacht griff das Feuer schnell um sich, daß 500 Menschen, die sich vor Hitze in die Keller geflüchtet hatten, dort jämmerlich im Rauch erstickten.

Am 8. Juli 1621 wird urkundlich erstmals die in und um Oelsnitz betriebene Perlenfischerei erwähnt. Das Regal dazu hatte sich rasch der sächsische Staat gesichert. Von ihm beauftragten Perlenfischern oblag die Pflege und Sicherung der Gewässer und deren Ausbeute. Vor allem die Angehörigen der Familie Schmerler aus Oelsnitz versahen über die Zeiten hinweg diese Aufgabe.

Seit mehr als einem Jahrhundert ist Oelsnitz durch die Teppichbodenproduktion bekannt. 1880 stellte man die ersten handgewebten Florteppiche her. 1956 ging man dazu über, vollsynthetische Teppiche zu erzeugen.

*

Nach dem Brandunglück von 1859 bekam die Stadt ein neues Rathaus. Es wurde zwischen 1861 und 1864 errichtet und löste den Vorgängerbau ab, der in der Marktmitte stand. Gravitätisch, von Bürgerhäusern flankiert, steht es an der Südseite des rechteckigen Platzes, die anderen Dächer unter sich lassend. Ein Turm ist im Mittelteil vorn angesetzt, der pfeilspitz in den Himmel ragt, im oberen Teil mit einem Umgang versehen und einer Uhr ganz oben.

Obwohl es an verbrieften Nachrichten fehlt, mag die älteste Kirche Anfang des 12. Jahrhunderts zerstört worden sein. Verheerende Brände kamen immer wieder über die neuerrichteten Kirchenbauten, so 1431, 1519, 1641, 1720, 1780 und auch 1632, als Holcks Truppen die Stadt verwüsteten, ging die Kirche in Flammen auf. Heute steht auf diesem historischen Boden die in gotischem Baustil aufgeführte doppeltürmige Oelsnitzer Hauptkirche St. Jacobi. An der äußeren Südseite des Chores ist ein Dreipaß-Relief aus Sandstein eingemauert, das aus dem im Jahre 1431 zerstörten Gotteshaus stammt.

Die Kirche erhielt nach dem großen Stadtbrand von 1859 die gegenwärtige Gestalt. 1865 wurden die Türme nach den Plänen von Constantin Lipsius aufgeführt und eine umfassende künstlerische Erneuerung des gesamten Hauses erfolgte durch den Dresdner Chr. Schramm.

Als sehenswert gelten in der zweischiffigen Hallenkirche die erleuchteten Chorfenster in Buntmalerei, das Altargemälde des Dresdner Künstlers Heidel, „Abendmahl der Emausjünger", und der Taufstein, eine Arbeit von Ernst Rietzschel, Dresden. Das andere Gotteshaus von Oelsnitz, die Katharinenkirche, ehemals Hospitalkirche, entstand zwischen 1612 und 1616.

*

Etwa einen Kilometer nördlich vom Stadtzentrum, auf einem Bergvorsprung, thront die festeste Wehranlage des Vogtlandes und älteste der Gegend, das Schloß Voigtsberg. Die Sage will wissen, sie sei von dem Römer Drusus erbaut worden, der im Jahre 9 v. Chr. verstarb und ihr erster Burgvogt war. Tatsächlich wurde sie um 1200 von den Vögten von Straßberg gegründet, die nicht zu den Vögten von Weida gehörten.

In einer Urkunde des Königs Wenzel von Böhmen vom 7. Februar 1248 wird in einer Reihe von Zeugen vor den Vögten von Plauen und Gera auch ein Eduardus de Voigtsbergk genannt. Und als 1548 Plauen niederbrannte, diente das feste Haus auf der Höhe dem Burggrafen Heinrich V. von Plauen als Residenz. Voigtsberg war über die Jahrhunderte hinweg der Mittelpunkt eines größeren Herrschaftsbereiches.

Das heutige Schloß gehört zu den wenigen erhaltenen Ritterburgen des Vogtlandes. Die Anlage wird durch einen breiten, in den Felsen gesprengten Zwingergraben geschützt. Unregelmäßig schieben sich die Gebäude bis an den Südhang der Bergkuppe vor. Die Angriffsseite der Burg lag nach dem Süden hin. Hier bewachen zwei runde Türme und ein eckiger Turm die Gebäude. Im nördlichen Teil des Hofes steht völlig frei der 18 Meter hohe Bergfried. An der Ostseite der Gebäudefront baute man einen Vorsprung heraus, in dem die um 1400 entstandene St. Georg-Kapelle untergebracht ist.

Der älteste Teil des heutigen Schlosses stammt aus dem 13. Jahrhundert. Zubauten kamen um 1405 hinzu. Das ürige im Inneren der Anlage wurde oft umgebaut und dem jeweiligen Verwendungszweck angepaßt. Nicht immer geschah das zu ihrem Vorteil! Die gründlichsten Eingriffe gab es 1856, als man aus Voigtsberg ein Gefängnis machte.

Heute beherbergt Schloß Voigtsberg ein Heimatmuseum. In ihm kann man sich über die Geschichte der Burg und der Stadt Oelsnitz unterrichten und über die Teppichindustrie. Es sind Teppichwebstühle zu sehen aus den Anfangszeiten der Oelsnitzer Teppichherstellung. Dem kurfürstlichen Geographen Augusts des Starken, Adam Friedrich Zürner, der aus dem nahen Marieney stammt, ist ebenfalls eine Abteilung gewidmet. Es ist jener Mann, der sich um die Vermessung sächsischer Straßen und um die Aufstellung der Postsäulen verdient machte.

Vom Dreher, Rutscher und von vogtländischen Kirmestagen

„Erbgericht" und Tanzmusik haben sich aus den Jahrhunderten bis ins heutige Vogtland herübergerettet. Wenn auch inzwischen aus dem einen oder anderen „Erbgericht" eine „Einkehrstätte" wurde, aus dem Gasthaus ein „Haus des Gastes", vielleicht mit einem Speisesalon oder angeschlossenem „Snack-Shop" und aus der guten alten Dorfmusik eine Disco mit Lightshow. Hatten jene vom vielen Dudeln dicke Lippen, so bedarf es heutzutage lediglich lautstarker Technik. Jede Zeit hat ihre Zeichen!

Früher standen Vogtlands Bauernburschen im Ruf, hervorragende Tänzer zu sein. Vor allem, wenn sie ihren „Dreher" auflegten, reihum und flottzu! Allgemein heißt es, die Vogtländer hätten ihn vom Ländler abgelauscht, aber auch, sie hätten diesen Tanz regelrecht erfunden. In einem Schriftstück aus dem Jahre 1558 wird darüber geklagt, daß sich in Großzöbern wider alle Sitten beim Tanz „verdreht" werde. Gegen allen Anstand schmiegten sich die Paare eng aneinander, als wollten sie ineinanderkriechen. Dabei legten sie die Hand auf den Rücken des Partners und blieben während des ganzen Tanzes Wange an Wange.

Das war auch noch so zu Urgroßelterns Zeiten. Noch ehe es geschah, stand der Gendarm in der Tür, schnauzbärtig und mit Seitengewaff versehen. Und wehe, die Burschen schwenkten so sehr, daß den Tänzerinnen die Röcke flogen und sich die rotbestrumpften Waden sehen ließen. Eine solche Unschicklichkeit konnte den Himmel zum Einstürzen bringen! Und sogleich schritt der Gendarm Kraft seines Amtes dazwischen und wußte dieser „Sittenverderbnis" mit Macht und Gewalt zu begegnen.

Den Dreher nennt man einen „sehr anmutigen schwer erlernbaren Tanz im $^2/_4$-Takt". Seine Abart ist der „Halbdreher", bei ihm wird halb gedreht und halb gerutscht, und ebenso der mehr in hüpfender Bewegung getanzte „Schreiter".

*

In der Regel wird der Dreher als „Zweischritt-Dreher" getanzt. Man macht zwei oder vier Schrittbewegungen in einem Takt, im ersten Viertel einen links mit halber Linksdrehung, im zweiten Viertel einen rechts mit halber Rechtsdrehung. Die Tänzerin macht dazu gegengleiche Schritte. Während des Tanzes werden die Tanzfiguren in gleicher Weise wiederholt. Häufig singt man dazu:

> „Hans bleib do!
> Mer waß net wie is Watter werd!
> Hans, bleib do,
> mer waß net wie dos werd!"

In der „Neuesten Kunde vom Königreich Sachsen" heißt es aus dem Jahre 1819, daß man „selten etwas anderes, als die deutschen und das Schottische" tanze. „Schottisch" war ein weithin verbreiteter Tanz, gelegentlich auch „Winewitt", „Schlenkerer" oder „Tschotsch" geheißen.

Der Tanz „Sackmütz" ist eine Art Bayrische Polka. Er ist ein alter, getretener Tanz. Dazu singt der Tänzer:

> „Satt när mol die Sackmütz a,
> wie die Sackmütz tanzen ka ..."

Das Liedchen spielt auf ein Kleidungsstück des 16. Jahrhunderts an, auf die Sackmütze, eine Kopfbedeckung mit einer sackartigen Erweiterung. Sie galt als Wahrzeichen der Bequemlichkeit.

Ältere Leute erinnern sich daran, von ihren Großeltern den „Vugelsteller" gelernt zu haben, einen zusammengesetzten Figuren- und Rundtanz. Nach einem „Tschotsch" standen sich die Paare gegenüber. Mit Beginn des Tanzes sang man:

> „Mit den Füßen trapp, trapp, trapp,
> mit den Händen klapp, klapp, klapp!
> Ich sog dir's'ch fei, hüt dich fei,
> loß dich mit kaaner (kenn) annern ei!"

Beim Tanzen war wesentlich: dreimal Stampfen, dreimal Klatschen und dreimal Drohen mit dem Zeigefinger rechts und dann links. Bei „trapp, trapp, trapp" wird dreimal mit den Füßen aufgestampft und dabei in die Hände geklatscht. Bei „Ich sog dir's'ch fei", drohen die Tänzer mit dem rechten, dann mit dem linken Zeigefinger und bei den letzten Worten drehen sie sich auf dem Absatz. Daran schließen sich einige Takte Rutscher an. Dann beginnt das Spiel von vorn.

*

Bekannt wurde das Vogtland durch seine Rundas. Das sind meist kurze, vierzeilige, dem Ursprung nach kleine Tanzliedchen. Sie erklangen zu jeder Gelegenheit, auf dem Weg zum Tanz, beim Tanzen selbst, während der Pausen und auf dem Heimweg, in der Roggenstube, beim Federschleißen, Sommerhaufen oder in froher Runde im Wirtshaus. Die Liedchen entstanden in der Regel spontan, dienten einem bestimmten Anlaß und waren mit ihm auch wieder vergessen. Oft wurden sie nur dazu benutzt, die Mädchen zu necken, Burschen aus dem Nachbardorf zu foppen oder jemanden wegen seines Namens oder Berufes zu verspotten.

> „Hübn is e Teich, drübn is e Teich,
> wer net freit, werd net reich,
> wer net schie tanzen ka,
> daar kriegt kenn Ma!"

Oft geschah es, daß sich einer auf dem Tanzboden besonders hervortun wollte. Er ließ den Musikanten ein Schnäpschen oder ein paar Biere bringen, um aufs Podest steigen und seine Rundas heruntersingen zu können:

> „Spielt auf, ihr Musekanten,
> ich zohl eich brav aus,
> ich gibb eich menn Baitel,
> ober's Geld tu ich raus!"

Oder sich mit verstellter Stimme über die Mädchen lustig machte:

> „Greif mer net na's Mieder,
> mei Mutter sieht's wieder,
> hot se's gestern gesehn,
> is Spektakel geschehn!"

Es kam auch vor, daß ein „Geldbürschlein" den Musikanten ein paar Groschen zusteckte, damit sie ihm den Marsch bliesen. Dazu tanzte er mit seiner Partnerin allein. Die Umherstehenden, vor allem die Burschen, versuchten von dem „Grußtuer" abzulenken und sich selber ins Bild zu setzen, balancierten gefüllte Biergläser auf dem Kopf, auf der Stirn oder den Fingerspitzen und machten dazu allerlei Verrenkungen. Indessen standen die anderen „Geldbürschle" wie versteinert neben der Musik, als wollten sie damit sagen: „Seht her, ich bin auch so einer, dem kein Geld reut auf eine Musik!"
Die Burschen aus dem Nachbardorf ärgerten sich über ein solches Gehabe. Schon trällerten sie in den Saal hinein:

> „Die Bürschle aus Wernesgrü,
> seht emol her,
> habn Nischeln wie Ochsen
> un aah esu leer!"

Wer läßt sich derarte Nachrede gefallen, gar noch, wenn man aus Wernesgrün ist. Schon kam es aus der anderen Ecke:

> „Un die aus Grübach erscht,
> dos is eich e Graus,
> die kehrn mit dr Zahbürscht
> is Ufenloch aus!"

Das kann sich keiner bieten lassen! Und so endete mancher friedfertig begonnene Tanzabend mit einer handfesten Schlägerei.

*

Wer auf den Tanzboden wollte, konnte das nur über die „Hühnersteig". Das war eine enge Holztreppe, die in das Obergeschoß des Gasthofes führte. Niedrig ging's dort oben zu. Der Raum war schlecht beleuchtet und voller

Luft, die man hätte mit einem Messer schneiden können. Nahe dem gußeisernen Ofen war es unerträglich heiß. Entlang den Wänden standen einfache Holzbänke, auf denen sich die Mädchen quetschten.

Immer umlagert blieb der Schanktisch, ganz zur Freude des Wirtes. Man trank im Stehen, denn Sitzgelegenheiten waren rar. Und daß sich ein Bursche setzte, lag weit unter seiner Würde und hätte als Altersschwäche ausgelegt werden können. Die Musikanten saßen in der „Musikantenbucht". Spielten sie auf, winkten die Burschen ihre Tänzerinnen heran. Fanden sich genügend Paare auf der Tanzfläche, brach die Musik ab. Einer der Musikanten ging reihum und sammelte die Auflegegelder für ein „Bot", eine Serie Tänze.

Eines der alten Vogtlandhäuser in Arnoldsgrün bei Oelsnitz

Aus den Festen des Vogtlandes, an denen fleißig getanz wurde, hebt sich die „Kirwä" heraus. Hierzulande dient der Begriff als Synonym für Lustbarkeit in größerer Gesellschaft, darin eingeschlossen natürlich auch das Kirchweihfest. Es gibt Dörfer, darunter Arnoldsgrün, die kennen eine Frühlings- und eine Herbstkirwä. Der Volkskundler Friedrich Barthel leitet die vogtländische Kirwä deshalb von einem altgermanischen Liebesfest, der „Kürweihe" her.

Eine vogtländische Kirwä dauert gut und gerne ihre drei Tage. Dabei war früher der Kirmes-Montag der Haupttag, er war arbeits- und schulfrei, und in den Vormittagsstunden gab es einen Gottesdienst. Am folgenden Sonntag, gewissermaßen als Nachfeier, hielt man die „Klaakörmes" ab.

Das wichtigste an der vogtländischen Kirmes war das gute Essen. In der Planschwitzer Gegend aß man mittags Gänsbauch und grüne Klöße. Bei wohlhabenden Bauern tischte man Wickelklöße auf. Und in der Hofer Gegend schlachtete man eigens für den Verzehr zur Kirmes ein Schwein. Zur Kirmes beschenkten die Eltern ihre Kinder mit Kleidungsstücken und die Dienstboten mit einem „Kirwägeld".

Im Mittelpunkt des guten Essens stand der Kuchen, hausgebacken oder beim Bäcker bestellt. Denn rückten am Kirmes-Sonntag in den Nachmittagsstunden die Scharen der „Freindschaft" aus den Nachbardörfern an, wollte man tüchtig auftafeln und sich der Qualität des Kuchens wegen loben lassen. Denn das ließ man sich nicht nehmen, Gott und alle Welt zur Kirmes einzuladen. Und reichten die Zimmer nicht, baute man aus ausgehängten Türblättern behelfsmäßige Tische im Hausflur oder in der Tenne auf und bei gutem Wetter auch im Garten. Und jeder der Gäste bekam am Abend „fer derhaam" ein Paket Kuchen eingepackt. Deshalb geht der Spruch um:

> „Über acht Tag
> hab' ich mei Plag,
> wenn ich mei Bündel
> von der Kirmes heimtrag."

Auf dem Tanzboden ging es zur Kirmes bügelhoch her, und das volle drei Tage lang! Gelegentlich hielt man am Kirmes-Montag „Burkert". Da mußten die Mädchen die Burschen aufführen, mehr noch, auch hinterher freihalten. In Rothenkirchen hieß der Burkert „Männerfosent", in Auerbach wurde der Tänzer nach jedem Bot mit einer Zigarre belohnt.

Nach dem Tanz konnte man sich heimblasen lassen. Der Bursche unterhakte seine Geliebte und bestellte gegen Bier und gute Worte die Musik fürs Heimblasen. So schritt das Paar vor den Musikanten her, die einige Märsche bliesen, die weithin in die nächtliche Ruhe tönten. Nach einer Weile kehrten die Musikanten um, wenn ein nächstes Paar heimzublasen war.

Ja, jede Zeit hat ihre Zeichen. Wenn wir heute auch über unsere Vorfahren lächeln. Die nach uns kommen, werden es über unsere Zeit tun.

Adorf am Fuße des Elstergebirges

Rund 10 Kilometer südostwärts von Oelsnitz liegt an der vielbefahrenen Bundesstraße 92, die zugleich Transitstraße ist, das Städtchen Adorf. Mit dem Kraftfahrzeug ist das eine Strecke, die sich in Minuten zurücklegen läßt, vorausgesetzt, schwere Lastfahrzeuge lassen eine zügige Fahrt zu. Denn auf der Straße rollen die Brummer schwerbeladen dem Grenzübergang entgegen oder kommen von dort. Seit Jahrhunderten ist die Straße ein wichtiger Verkehrsweg, der Plauen, Oelsnitz und Eger verbindet, Sachsen mit Böhmen, und hat seine Bedeutung erhalten.

Oberpfälzische Bauern waren es, die sich im 11. Jahrhundert in der Niederung ansiedelten, an der sich Schwarzbach und Elster treffen. Nach alten Überlieferungen soll Adorf ursprünglich ein Dorf gewesen sein mit dem Namen Haag- oder Haindorf, woraus nach der erzgebirgisch-vogtländischen Sprechweise Ha-dorf und schließlich Adorf wurde. Da aber der älteste Siedlungsteil, „die Mehltheuer", an der Weißen Elster lag, dürfte die Ortsbezeichnung vom mitteldeutschen „ahe" abgeleitet sein, was soviel heißt wie „Wasserlauf", also „Siedlung am Wasserlauf".

Wahrscheinlich um 1290 unter Heinrich I. von Plauen, dem „Oberhofrichter", entstand über der Altstadt auf einem niedrigen, ins Elstertal vorspringenden Bergsporn eine kleine Stadt mit einem langgestreckten Marktplatz, die bis

Adorf um 1628. Ausschnitt aus einer Ansicht von Dilich, 1628

Weithin schweift der Blick über die wellige Landschaft nahe dem Städtchen Adorf

Mitte des 14. Jahrhunderts von einer Mauer umgeben war. Sie ist verschwunden, als schönstes Zeugnis erhielt sich davon das Freiberger Tor, in dem das Heimatmuseum untergebracht ist.

Mit der Stadt wurde die Michaeliskirche errichtet. Sie war zunächst eine Filiale von Asch. 1325 wurde sie eine selbständige Pfarrei, die dem Bistum Regensburg unterstand.

Noch heute bestimmt die Michaeliskirche das Stadtbild. Durch einen Essenbrand wurde das seit 1882 benutzte Gotteshaus am 11. Juli 1904 das Opfer der Flammen. Die heutige Kirche hat man unter Verwendung von Überresten im Barockstil wieder aufgebaut. Auch die alte Kirche, noch aus der Zeit des Deutschhaus-Ordens stammend, ist bei einem großen Stadtbrand am 12. Juli 1768 vernichtet worden.

Ursprünglich bewohnten das Städtchen Handwerker, einige Tuchmacher, Gerber und Instrumentenbauer. Allesamt betrieben sie nebenher Landwirtschaft. Allmählich wurde aus dem Ackerbürgerstädtchen ein richtiger Industrieort, mit Stickereien, Spinnereien und Teppichherstellung.

*

Mit vielen Orten inner- und außerhalb des Vogtlandes ist Adorf auf eigene Weise verbunden. Denn in seinen Mauern entstanden im 17. und 18. Jahrhundert Orgeln, von denen noch heute welche erhalten sind, die durch ihren Wohlklang die Kunst ihrer Meister loben.

Rühmt sich diese oder jene Kirche des Glücks, eine Silbermann-Orgel zu besitzen, so sind es andere, die auf eines der Adorfer Werke verweisen können. Mag sein, daß sie den Ruf einer Silbermann-Orgel nie erreichten. Dafür gilt Silbermann viel zu sehr als „Meister aller Meister", der die Maßstäbe setzte.

Die bekanntesten Adorfer Orgelbauer waren die Angehörigen der Familie Trampel, mit dem Vater Johann Paulus (1708–1764), den beiden Söhnen Johann Gottlob (1742–1812) und Christian Wilhelm (1748–1832), die sich allerdings des Wohlklanges wegen nach italienischer Manier „Trampeli" nannten.

Vor der Familie Trampel gab es schon andere Orgelbauer in der Stadt. So war es Caspar Kerll, der Vater des Komponisten Johann Caspar Kerll, der 1625 als Organist aus der Bergstadt Sankt Joachimsthal nach Adorf kam und nebenher Orgeln baute. Bekannt ist, daß er ein solches „Werklein" für die Schloßkirche Burgk (Saale) und eines für die Kirche in Planitz fertigte.

1723 gründete der Organist Adolf Friedrich Gruber eine Adorfer Orgelbauwerkstatt. Die von ihm hergestellten Instrumente kamen u. a. in die Kirchen von Schöneck, Oelsnitz und Landwüst. Und 1727 besserte er die Orgel in der Plauener Johanniskirche aus, die von dem Joachimsthaler Meister Schädlich stammte.

Der Begründer der bedeutenderen Adorfer Orgelbauwerkstatt war Johann Paulus Trampel, der aus Oberlauterbach bei Falkenstein gekommen war und in den Adorfer Kirchenbüchern „ein kunsterfahrener und musikalischer

Instrumentenmacher" genannt wird. Seine Werkstatt hatte er 1734 am Unteren Markt, direkt auf die alte Stadtmauer gesetzt. Im Verlauf seines Lebens schuf er insgesamt 52 Instrumente. Das klangschönste davon entstand für die fränkische Kirche Selb. Von all seinen Orgeln blieb lediglich die von Chursdorf bei Schleiz erhalten. Beruflich folgten beide Söhne dem Vater nach und wurden Orgelbauer. Ganz in seinem Sinne führten sie das Geschäft nicht nur weiter, sondern bauten es auch aus. So schreibt der Adorfer Chronist E. Krenkel: „Zu großem Rufe erhob sich seit 1760 die Orgelbauwerkstatt der Gebrüder Trampel, die oft über 100 Arbeiter beschäftigte . . ."
Vor allem Johann Gottlob kommt mit der Klangfülle seiner Werke in die Nähe seines großen Vorbildes, Gottfried Silbermann. Gemeinsam mit seinem Bruder Christian Wilhelm schuf er 54 Orgelinstrumente bis 1796, das größte, mit 49 Stimmen und drei Manualen, zwischen 1788 und 1790 für die Nikolaikirche in Leipzig. Auf diesem Instrument spielte u. a. auch Felix Mendelssohn-Bartholdy. Als Gottlob Trampelis umfangreichstes Werk gilt allerdings die Orgel für die St. Reinaldikirche in Dortmund.
Der letzte Adorfer Orgelbauer war Gottlobs Neffe Friedrich Wilhelm. Er setzte die Familientradition fort, blieb aber im Schatten seiner Verwandten. Als er 1815 eine in Weimar gebaute Orgel übergab, wurde er mit dem Titel geehrt „Sächs.-Weimar.-Eisen. Hof-Orgelbauer". Jedoch stellten sich bei dem Instrument bald erhebliche Mängel heraus. Lediglich sein früher Tod hinderte ihn daran, das Werk generalzuüberholen oder abzutragen und neu aufzubauen. Auch die anderwärts gefertigten Orgeln blieben hinter denen seiner Verwandten zurück. Von ihm ist nur noch ein Instrument erhalten, die Orgel von Landwüst. Von der stattlichen Anzahl Orgeln aus den Adorfer Werkstätten blieben bis heute nur wenige übrig. Viele fielen im Verlauf der Zeit Bränden zum Opfer, Umbauten oder wurden derart verändert, daß sie ihrem Ursprung nach nicht mehr zu erkennen sind. Auch die Orgel mit den 30 Zügen in der Adorfer Michaeliskirche wurde davon nicht verschont. Beim großen Kirchenbrand von 1904 wurde sie vernichtet.
Um so glücklicher schätzen sich die Kirchgemeinden, zu deren Gottesdiensten die alten Meisterwerke erklingen. Dazu zählen die Orgeln von Gansgrün (1784), Oberlosa und Hohndorf bei Elsterberg (1788), Stangengrün und Rothenkirchen (1796) und Straßberg (1802). Die Kirchgemeinden lassen nichts auf ihre Orgeln kommen. Und gewiß ist, daß keines der alten Adorfer Orgelwerke etwa deswegen verschwindet, um einem moderneren Platz zu schaffen.

*

Lange Zeit war Adorf landweit wegen seiner Perlmutterwaren bekannt. Neben den Flußgebieten des Bayrischen Waldes und des Fichtelgebirges gehört das obere Vogtland zu den drei Gegenden Deutschlands, in denen die Echte Flußperlmuschel (Margaritana margaitifera L.) auf natürliche Weise vorkommt.

Ursprünglich besiedelten die Weichtiere mit den eiförmigen länglichen und innen perlmuttartig glänzenden Schalen etwa 60 Bäche des oberen Vogtlandes, vor allem die Weiße Elster, die Trieb, den Treibelbach, Görnitzbach, Würschnitzbach und Raunerbach. Zum Leben benötigen die Tiere klares, kalkfreies, kühles und ständig fließendes Wasser.

Seit dem 16. Jahrhundert wird im sächsischen Vogtland die Perlenfischerei betrieben. Das Regal darauf besaß die sächsische Krone. Jede gefischte Perle war an sie abzuführen. Eigens dafür bestallte Perlenfischer sorgten für die Anlage, Hege und Ausbeute der Muschelkolonien. Aus einer alten Unterlage ist zu ersehen, daß 11 286 Perlen zwischen 1719 und 1804 aus dem oberen Vogtland dem sächsischen Herrscherhaus abgeliefert wurden. Die Größe dieser Anzahl wird dann deutlich, wenn man weiß, daß unter 2000 bis 3000 Muscheln sich eine findet, die eine Perle beherbergt. Um sie zu entdecken und zu bergen, mußte der Perlenfischer mit einem Gerät die beiden Schalen spreizen. Danach wurde das Tier wieder ins Wasser gebracht. Schaden nahm es durch diese Untersuchung nicht.

Im Grünen Gewölbe zu Dresden befindet sich eine Kette mit 177 vogtländischen Perlen, ein Schmuckstück der damaligen Kurfürstin Maria Amalia Augusta. Noch vor 150 Jahren galt die Perlenfischerei als lohnenswert.

Durch zunehmende Gewässerverunreinigungen seit 1900 gingen die Muschelvorkommen immer weiter zurück. In den meisten Bächen starben die Flußperlmuscheln völlig aus. Eines der letzten natürlichen Vorkommen im Oberlauf des Triebelbaches steht unter Naturschutz.

Moritz Schmerler, ein Nachkomme des 1621 zuerst bestallten kurfürstlichen Perlenfischers, kam Mitte des vorigen Jahrhunderts auf den Gedanken, die bisher für wertlos erachteten und fortgeworfenen Perlmutter-Muscheln durch Schleifen und anderes Bearbeiten zur Anfertigung von Schmucksachen und Ziergegenständen zu verwenden. Er selbst, 1838 Gehilfe, wurde 1849 „wirklicher Perlenfischer". Auf diese Idee ging der Adorfer Buchbinder Fr. A. Schmidt ein und gründete eine Manufaktur zur Herstellung von Perlmutterwaren. In seiner „Muschelei" beschäftigte er mehrere Gehilfen und eine Anzahl Heimarbeiter. Dem Beispiel folgten andere. Und bereits 1883 hatten die Unternehmen mehr als 1000 Beschäftigte, darunter viele Heimarbeiter. Daraus ist verständlich, daß der Bedarf an Muscheln aus heimischen Beständen nicht mehr zu decken war. So wurden in Adorf nun auch amerikanische Süßwassermuscheln und Seemuscheln aus dem Indischen Ozean verwendet. Es mag mehrere Gründe für das Versiegen der Adorfer Perlmutterindustrie geben. Dazu zählen die schwierige Beschaffung der Rohmaterialien, die veränderten Modeströmungen und die damit verbundene Absatzschwächung. Der letzte Betrieb stellte 1983 die Perlmutterverarbeitung ein. Schöne Exemplare aus der Blütezeit der Adorfer Perlmutterindustrie sind im Heimatmuseum zu sehen.

Zu den schönsten Flußpartien zählen die entlang des Tales der Trieb

Die berühmten und weniger berühmten vogtländischen Mineralquellen

In etwa 20 Orten Sachsens sprudeln Mineralquellen aus der Erde. Sie unterscheiden sich von normalen Quellen durch ihren Gehalt an Mineralsalzen oder anderen Stoffen, und manche von ihnen verfügen über eine gewisse natürliche Wärme. Menge und Konzentration der Lösungen sind über ihre Heilkraft entscheidend. Deshalb ist nicht jede Mineralquelle zugleich auch eine Heilquelle.

Zu allen Zeiten bediente man sich erfahrungsgemäß bestimmter Quellen, sprach ihnen vielleicht sogar Wunderkräfte zu, vor allem dann, wenn sich ihr Wasser vom herkömmlichen durch Geschmack, Farbe oder natürliche Wärme unterschied. Eine planmäßige Erforschung der Zusammensetzung, eine Einteilung nach ihren Bestandteilen und ihrer Wirkung, setzte im 17. Jahrhundert ein.

Wegen seiner zahlreichen Mineralquellen wurde das Vogtland weit über Sachsen hinaus bekannt. Gelegentlich nennt man seinen oberen Teil eine „Mineralquellenprovinz". Häufig werden die vogtländischen Mineralquellen in einem Atemzug genannt mit denen von Böhmen. Und das nicht nur wegen ihrer geographischen Nähe und ihres ähnlichen geologischen Ursprungs.

Jährlich kommen viele tausend Kranke in die vogtländischen Bäder, die hier Heilung oder Linderung ihrer Leiden suchen, Genesung oder Erholung. Sind es auch in erster Linie Bad Elster und Bad Brambach mit ihren Heilquellen, so gibt es zahlreiche Mineralquellen in der Gegend, denen Berühmtheit versagt ist und die im Schatten ihrer großen Gegenspieler bleiben. Mag sein, daß ihnen die Konzentrate fehlen oder die erforderliche Zusammensetzung. Von der einen oder anderen läßt sich sagen: Entspränge sie anderenorts, irgendwo im Lande konkurrenzlos und allein, würde man sie in Marmor fassen, über sie ein Haus errichten und sie marktwirtschaftlich zum Herzstück eines Kurortes machen.

Durch seine ungewöhnliche Tektonik hat das Vogtland auf verhältnismäßig engem Raum die vielen in ihrer Zusammensetzung und Konzentration unterschiedlichen Mineralquellen. Ihren geologischen Ursprung haben sie allesamt in den vulkanischen Aktivitäten von Oberdevon und Tertiär.

Das Grundgestein des oberen Vogtlandes ist Phyllit. In dieses sehr feinkörnige bis dichte schieferartige Gestein lagerten sich Quarzkörner und -streifen ein, die sich bis auf den in der Tiefe vermuteten Granit erstrecken. Hier reichern sich die Wässer mit Kohlensäure an und dringen durch die mit Mineralien durchsetzten Spalten bis an die Erdoberfläche.

*

Zu den ältesten vogtländischen Mineralquellen zählt die von Altensalz. Verschiedene Umstände, Funde und Flurnamen lassen vermuten, daß in dieser

Gegend bereits Slawen siedelten und das aus dem Boden dringende Koch-salzwasser zu nutzen wußten. Urkundlich wird die Quelle erstmals 1321 als „antiquo sale" erwähnt. Das aus drei Schächten hervortretende Salzwasser wurde zwischen 1529 und der Mitte des 18. Jahrhunderts mehrmals jahre-lang genutzt, um Kochsalz in größeren Mengen zu gewinnen.

Durch den Bau der Talsperre Pöhl wurde das Vorkommen überflutet und liegt heute zehn Meter unter der Wasseroberfläche. In einem Bericht aus dem Jahre 1964 heißt es jedoch, man untersuche die Wasserqualität auch nach dem Einstau weiter. Von den Ergebnissen werde es abhängen, ob man Al-tensalz als Heilquelle nutzen kann. Seine bislang geringe Heilwirkung be-schränkt sich auf die Reinigung der Schleimhäute, Anregung der Magendrü-sen und die Stoffwechselregulierung.

Ehemals gab es auch in Erlbach eine salzhaltige Mineralquelle. Dieser „Salz-brunnen" befand sich beim heutigen Gasthof. Im Jahre 1464 belehnte Kur-fürst Friedrich der Sanftmütige einen Engelhardt Thoß aus Adorf damit, den „Salzbrunnen zu Erlbach" zu nutzen. Bis 1701 gab es mehrere Versuche, die-ser Mineralquelle durch Schachtbau Kochsalz abzugewinnen. Alle diese Ver-suche scheiterten am geringen Salzgehalt der Sole. Der 36 Meter tiefe und 6 x 6 Meter im doppelten Schrot ausgezimmerte Schacht wurde dann 1868 verfüllt und das Gelände bebaut.

Das Dorf Altensalz am „Vogtländischen Meer", an der Talsperre Pöhl

Als der „bergsachverständige Forstschreiber" Jeremias Schulze bei der Grünheider Wolfsgrube einen Sumpf trockenlegen wollte, entdeckte er eine Quelle, die munter aus dem Erdreich hervorquoll und seine Bemühungen vereitelte. Das an Eisengehalt reiche Wasser schmeckte mineralisch. Und da Schulze meinte, es lasse sich zu Heilzwecken nutzen, mutete er 1725 beim Voigtsberger Bergamt dieses Wasser und eröffnete in Reiboldsgrün ein Bad. Als ihn Dr. Lehmann besuchte, der Leibarzt der sächsischen Kurfürstin Christiane Eberhardine, sie war die Gemahlin von August dem Starken, bekam die Quelle ihren Namen, fortan „Christiane-Quelle" geheißen. Durch die hohe Gönnerschaft widerfuhr dem Bad großer Zuspruch. Daß er nach einem knappen halben Jahrhundert wieder zurückging, mag am verblassenden Glanz des sächsischen Herrschers gelegen haben. Dr. Flechsig im nahen Schönheide, der später Badearzt von Elster wurde, sah einen Mangel im Reiboldsgrüner Badebetrieb darin, daß es an ärztlicher Betreuung fehle und der Gast sich selber überlassen werde. Dadurch bleibe mancher Kurerfolg aus. Denn er analysierte die Quelle als einen „erdigen Eisensäuerling, der zu den stärksten und reinsten Eisenwässern zählt, die man in Deutschland kennt". 1858, während eines Konzertes, brannten alle Häuser bis auf die Grundmauern nieder; das setzte dem Bad sein Ende.

Später gründete der Arzt Dr. Driver hier eine Lungenheilstätte, aus ihr wurde danach ein Fachkrankenhaus für Kinder- und Jugendneuropsychiatrie.

*

Über eine bisher ungenutzte radioaktive Quelle verfügt die Dorfgemeinde Raun auf ihrer Flur. Keine 500 Meter nördlich vom Bahnhof des Ortes liegt die Forstabteilung 49. Im „Gründel", nahe der Bahnlinie, ist sie zu finden.

Unter dem Namen „Sohler Brunnen" sind die drei Quellen des Ferienortes Sohl zusammengefaßt. Die erste Nachricht über eine Quelle im Talgrund stammt aus dem Jahre 1538, in ihr heißt es: „Es ereugnet sich bey Adorff ein quell der sich mit saltz beweist . . ." Dies ist der Nachweis der heutigen „Sohler Urquelle". 1909 entdeckte man in ihrer Nähe die ergiebige „Sachsenquelle" und kurz danach die „Hofquelle".

Bei allen „Sohler Brunnen" handelt es sich um „Natrium-Sulfat-Chlorit-Hydrogenkarbonat-Säuerlinge"mit einem Radongehalt von 14 Mache-Einheiten. Eine weitere Quelle liegt am Wanderweg nach Raun, „Waldquelle" genannt, die sich ebenfalls, wie die anderen, zu Trinkkuren eignet. Seit 1909 füllt man Sohler Mineralwasser in Flaschen ab und verschickt sie als Tafelwasser.

*

Obwohl dicht an der Grenze auf böhmischer Seite schon vorher eine Mineralquelle bekannt war, entdeckte um 1700 ein Schönberger Schneider eine solche grenznahe auf der Schönberger Flur, also im kursächsischen Terrain. Und weil dieses Vorkommen noch bessere Werte als das böhmische auf-

Sohl, nahe Bad Elster, verfügt über mehrere heilkräftige Quellen

„Das bekannteste und größte Heilbad des Vogtlandes ist Bad Elster . . .“

wies, war man drauf und dran, 1716/17 zu einem Kurbad zu gelangen. Jedoch der sächsische Staat enthielt sich jeder finanziellen Unterstützung „wegen der streitigen Gräntzen und biß zu deren Berichtigung etwas zu veranstalten bedenklich falle . . ." Obwohl der Freiberger Bergbauwissenschaftler Lampadius den Schönberger Säuerling „den kräftigen Mineralwässern an die Seite setzt", blieb es bei der ablehnenden Haltung der Regierung. Und da es auch in der Folgezeit keine „Grenzberichtigung" gab, blieb „Bad Schönberg" eine Idee.

1955 erhielt diese südlichste der sächsischen Mineralquellen wenigstens eine Betonfassung und ein Dach darüber. Dieser Säuerling hat bei einem Gesamtlösungsgehalt von rund 2500 mg/kg von freigelöstem Kohlendioxyd den höchsten Gesamtlösungsgehalt aller vogtländischen Quellen.

Eine der weniger bedeutsamen vogtländischen Mineralquellen ist die „Thierbachquelle" ostwärts von Hammerbrücke. Sie befindet sich am Südhang des Thierberges in 750 Meter Höhenlage. Man hat sie mit einer kleinen Anlage versehen. Ihr Wasser ist leicht radioaktiv. Zu erreichen ist die „Thierbachquelle" nach 10 Minuten zu Fuß auf dem Wanderweg von Hammerbrücke nach Jägersgrün.

*

Die jüngste vogtländische Mineralquelle ist der „Artesische Brunnen" im Kemnitztal bei Geilsdorf. Bei geologischen Erkundungsbohrungen in den Jahren 1961/62, bei denen man bis 1137 Meter tief kam, stieß man im Diabas bei 771 Metern auf eine wasserführende Spalte. Der Druck des gespannten Wassers reicht aus, um es bis zur Erdoberfläche zu bringen.

Das leicht salzig und dumpfig, aber nicht unangenehm schmeckende Wasser hat eine Temperatur von 20,6 ° C und ist eine Calcium-Natrium-Chlorit-Verbindung. Jede Minute dringen 250 l an die Erdoberfläche. Für ein Bad mit Kurbetrieb ist die Schüttung zu gering und die Wassertemperatur zu niedrig. Die Quelle hat eine kleine Anlage und ist in Mauerwerk gefaßt.

*

Die Eisenquellen von Pausa, einstmals der Mittelpunkt eines Kurbades, existieren noch, sind ausgemauert und gesichert. Durch Oberflächenverschmutzung ist das Wasser zum Trinken gegenwärtig jedoch ungeeignet.

Zwei Kilometer westlich von Pausa liegt Bad Linda. Eine zu Tage tretende erdalkalische Mineralquelle, später „Reinhardtsquelle" genannt, führte 1882 zur Gründung eines Bades.

Danach kam die „Moorstichquelle" hinzu mit gehaltreichem Mineralwasser. Nahe Moorlager, auf natürliche Weise mit Mineralwasser angereichert, lieferten wertvolles Bademoor. Dadurch konnten in Linda neben Trink- auch Badekuren verabreicht werden.

Als aber dann die Moorstichquelle allmählich versiegte und durch Bohrungen nicht neu erschlossen wurde, kam der Badebetrieb zum Erliegen. 1930 kaufte eine thüringische Krankenkasse Bad Linda und nutzte die Gebäude anderweitig.

*

Brambach ist eines der großen Bäder mit vollem Kurbetrieb. Es trug dazu bei, daß Vogtlands Heilquellen Weltruf erlangten. Jährlich erhalten viele tausend Kurpatienten, die vor allem Schäden und Erkrankungen des Muskel-, Skelettsystems und der Bindegewebe haben, eine Behandlung ihrer Leiden.

Brambach liegt zwischen Phylliten und Glimmerschiefern und nahe an Basalt und Granit. Daraus ergibt sich für die Mineralquellen eine günstige Zusammensetzung und gelöste Kohlensäure. Brambachs „radioaktive eisenhaltige Natrium-Calcium-Hydrogen-Carbonat-Sulfat-Säuerlinge" gehören zu den stärksten Radonquellen der Welt.

Heute wird von den zahlreichen Vorkommen hauptsächlich die „Radon-", „Schiller-" und „Eisenquelle" zu Trinkkuren genutzt. Die Wässer anderer Quellen dienen zu Wannenbädern. Darüber hinaus wird Brambachs Mineralwasser in Flaschen als Tafelwasser verschickt.

Obwohl die Mineralquellen lange bekannt und von den Einheimischen genutzt wurden, kam es erst 1812 zu einer chemischen Analyse, ohne allerdings Nutzen daraus abzuleiten. Erst als man 1912 die Radioaktivität feststellte, begann der Kurbetrieb.

Das bekannteste und größte Heilbad des Vogtlandes ist Bad Elster. Bereits im 13. Jahrhundert ist ein „Gesundbrunnen" im Wiesengrund bekannt, der „zur Leibesnotdurft gar wohl dienlich und absonderlich gegen die bösen Leibeswehen zu gebrauchen sei." 1538 erfolgte die erste Untersuchung der Quelle. Ihre älteste Beschreibung stammt von dem Plauener Physikus Georg Leisner aus dem Jahre 1669. Er ließ den Brunnen fassen. Seit 1851 heißt der Säuerling „Moritzquelle".

Als man 1847 zwei weitere Quellen freilegte, die spätere „Marien-" und „Albertquelle", kam es zwei Jahre später, 1849, zur offiziellen Gründung des „Königlich-sächsischen Staatsbades". 326 Badegäste standen im ersten Jahr zu Buche. 60 Jahre später, 1912, waren es 17 278 Gäste. In heutiger Zeit mögen es um die 25 000 sein!

Von den 16 Quellen in und um Bad Elster werden 5 zu Trinkkuren genutzt, die zusammengefaßt sind in der „Moritz-" und „Marienquelle". Bei allen zu Trink- und Badekuren verwendeten Wässern handelt es sich um Schüttungen von Natrium-Chlorit-Hydrogenkarbonat-Säuerlingen. Mit Erfolg werden auch Moorbäder angewendet.

Bad Elster wird von Gästen aufgesucht mit Frauenleiden, rheumatischen Beschwerden, Herz-, Kreislauf-, Magen- und Stoffwechselerkrankungen.

Sind die Berge des Elstergebirges auch arm an festen Bodenschätzen, so verfügen sie aber über flüssige. Die Vielfalt und Anzahl der Mineralquellen hebt den Mangel auf. Denn Vogtlands Bodenschätze sind seine Heilquellen!

„Mahlzeit – Spalken!"

Mit „Mahlzeit – Spalken!" begrüßen sich die Männer im Vogtland beim Zwölfeläuten. Scherzhaft weisen sie damit auf das zu erwartende Kartoffelgericht hin. „Denn wer sich im Vogtland einer Hauptmahlzeit wegen an den Tisch setzt, setzt sich der Kartoffel zur Seite!" So sagen wenigstens die Leute. Die Vogtländer können jeden Tag Kartoffeln essen, ohne ihrer überdrüssig zu werden. Dafür weiß die vogtländische Hausmutter viel zu viele Rezepte.

Ende des vorigen Jahrhunderts schrieb Süßmilch-Hörning: „Die Kartoffel bildet die Hauptnahrung der großen Menge der Gebirgsbewohner; aber sie wird in allerhand verschiedenen Zubereitungen auf den Tisch gebracht. Sie wird in ganzen Stücken oder in Scheiben gekocht, geröstet, gebraten, roh oder gekocht, zerrieben oder zerquetscht. Man bereitet aus ihnen Suppen, Mus, Pamps, Götzen, Klöße usw."

„Spalken" nennen die Vogtländer die Kartoffelstücke. Und da man sie mit verschiedenen Gemüsen kocht, dementsprechend Krautspalken, Möhrenspalken, Rübenspalken, Schwammespalken, Bohnenspalken, Spinatspalken, Erdäpfelspalken mit Rind- oder Schöpsfleisch gekocht, sind sie schon 1800 vom bürgerlichen Mittagstisch in Markneukirchen nicht wegzudenken. Mit braunem Mehl und Essig zubereitet, werden daraus „Saure Spalken". Werden sie mit zerkleinerten eßbaren Innereien bereitet, heißen sie „Fleckspalken" oder „Kuttelfleck".

Der Vogtländer weiß zwischen „Spalken" und „Spälkle" zu unterscheiden. Denn mit „Spälkle" sind Bratkartoffeln gemeint, auch „Eigeschnietene" geheißen. Sie kommen vor allem zum Abendessen auf den Tisch, zu Brathering, Spiegeleiern, Blut- oder Leberwurst, auch zu Sülze oder Bratwurst mit Sauerkraut.

Geradezu berühmt ist die Kartoffelsuppe, daß selbst Firmen, die Beutelsuppe herstellen, „Vogtländische Kartoffelsuppe" in ihrem Sortiment führen. Der Originalsuppe werden Zwiebelstücke, Selleriekraut oder Majoran und Speck zugefügt.

Ihr dicht verwandt ist der Kartoffelmus, der „Erdäpfelbrei", den man mit Speckgrieben würzt und zur Bratwurst mit Sauerkraut ißt. Wird er ohne Zukost gegessen, heißt er „Barfüssiger Erdäpfelbrei". Dick zubereitet, heißt er „Erdäpfelpelz".

Das Leib- und Magengericht der Vogtländer sind die Kartoffelklöße, hierzulande „Grüne Klöß", „Toppkließ", „Grügeniffte" oder im Gastronomendeutsch „Vogtländische Klöße" geheißen. Um das Originalrezept der Kartoffelklöße streiten sich seit Jahr und Tag ganze Völkerschaften, auf alle Fälle die Thüringer, Erzgebirger und Vogtländer. Wer es tatsächlich hat, wird wohl nie entschieden werden.

> „Mächt när wissen, wie's de Alten,
> wie's Erdäpfel noch net geem,
> ahne Kließ ham ausgehalten?
> wie se higebracht ihr Leem?"

schreibt der Altmeister der vogtländischen Mundartdichtung, der Meßbacher Schulmeister Louis Riedel in seinem Gedicht „Grügeniffte".

Im Vogtland dürfen die Kartoffelklöße zu keinem Sonn- oder Festtagsmahl fehlen. Und es wäre geradezu beleidigend, einem Besuch statt „Grügeniffte" Mehlklöße oder Salzkartoffeln vorzusetzen. Man ißt sie zu Rouladen, Sauer- oder Schweinebraten, zu Stallkaninchen oder Geflügel am liebsten, allem voran zu Gänsebraten. Als Zukost gibt es Sauer- oder Rotkraut. Familien, die auf Tradition halten, schneiden ihren Wintervorrat selbst ein. Auch zu Karpfen, allerdings auf vogtländisch zubereitet, in Bier gedünstet, werden Klöße aufgetragen. Und ist kein Fleisch im Haus, gibt es „Grüne Klöß in Millichsud", in einer Tunke aus Mehl und Milch. Es gilt als Sünde, etwa an einem Werktag Klöße aufzutischen. Höchstens eingeschnitten, im Fett der Pfanne gebacken und danach mit Zucker überstreut, als „Resteressen" vom vergangenen Sonntag.

„Genifft" heißt in der heimischen Mundart soviel wie „gerieben". Und da dies im rohen, also „grünen" Zustand erfolgt, spricht man von „Grügeniften". Denn das Reiben der Kartoffeln für den Kloßteig gilt als Hauptarbeit. Und noch heute verschmäht die vogtländische Hausfrau die elektrische Küchenmaschine, wenn es darum geht, „richtige" Klöße zu bereiten.

> „Hamm söll ich gehe,
> do söll ich bleiben,
> söll meiner Mutter
> die Erdäpfeln reiben.
>
> Hamm gieh ich net,
> do bleib ich net,
> meiner Mutter reib ich
> die Erdäpfeln net!"

heißt es in einem vogtländischen Runda. Und ganz gegen die Ehre einer vogtländischen Hausfrau gilt die Verwendung von Kloßmehl aus der Tüte. Derartige Klöße werden mit „Faule-Weiber-Kließ" disqualifiziert. Selbst Gaststätten, die sie auftischen, verlieren an gutem Ruf.

1867 gab Johann August Ernst Köhler das Geheimnis preis, wie man original vogtländische Klöße zubereiten soll: „Die rohen Kartoffeln werden zerrieben und in dem sogenannten Kartoffelsacke, welcher in keiner Familie fehlen darf und aus dünnfadigem Zeug gemacht worden ist, gepreßt, so daß das Wasser abläuft. Der mit dem Wasser durchgedrückte geringe Theil des Stärkemehls wird getrocknet und zu anderer Zeit statt des Weizenmehls ebenfalls zu Klösen, und zwar zu sogenannten ‚gekochten', die aber selten auf den Tisch kommen, verwendet. Die rohe Kartoffelmasse, welche in dem Sacke zurückbleibt, wird mit kochender Milch, sehr oft auch mit Milchhirse gebrüht. Dann kommt eine geringe Menge zerriebener gekochter Kartoffeln und kleingeschnittene, geröstete Semmel dazu; Wohlhabende nehmen auch wol einige Eier. Die Klöse werden nun geformt und gekocht."

Neben den „Grügeniften" bereiten die Vogtländer ihren „Bambes" oder „Pfannenkloß", hergestellt aus geriebenen rohen Kartoffeln. Der entstandene Brei wird nur mäßig ausgedrückt und mit einer kleinen Menge geriebener, gekochter Kartoffeln vermischt. Ihm wird etwas Buttermilch untergerührt. Danach werden in einer mit Fett ausgestrichenen Pfanne kleine Fladen gebacken.

*

Man ist geneigt, anzunehmen, daß hierzulande die Kartoffeln älter sind als das Vogtland selbst, so unentbehrlich haben sie sich für die Bewohner gemacht.

Wie die Kartoffeln von Übersee nach Deutschland kamen, weiß keiner genau zu sagen, nicht einmal, wann es zuerst erfolgte. Darüber gibt es zahlreiche und recht unterschiedliche Legenden. Allgemein sagt man es dem englischen Seefahrer und Admiral Francis Drake nach, daß er sie 1586 über das große Wasser brachte. Noch im vorigen Jahrhundert war er im Vogtland so hochverehrt, daß nahezu in jeder Wohnstube sein Bild die Wand schmückte, wie das eines Heiligen. Und noch zu Beginn unseres Jahrhunderts lernten die Kinder in der Schule das „Kartoffellied" mit der Schlußstrophe:

> „Danket, dankt dem lieben Gott;
> seiner Armen bittre Not
> ging ihm nahe; und was tat er
> uns zum Trost, der gute Vater? –
> Gab uns auch sein Mannabrot!"

Der Landgraf Wilhelm von Hessen schickte ein paar der seltenen Knollen dem sächsischen Kurfürsten Christian I. für den Anbau in seinem Garten in Dresden. Dazu schrieb er ihm: „Wir überschicken E. L. unter anderem ein Gewächs, das wir vor wenigen Jahren aus Italien gekommen, und taratouphili genannt wird. Dasselbe wächst in der Erde und hat schöne Blumen mit gutem Geruch und unten an der Wurzel hat es viele Tuberosen hängen, die, wenn sie gekocht sind, gar anmutig zu essen sind . . ."

Die Legende, man habe die grünen Früchte, die Kartoffelkaulen, mit Zucker und sonstigem Gewürz zubereitet und geladenen Gästen als lukulische Rarität vorgesetzt, ist weit verbreitet. Erst durch Zufall sei ein Gärtner darauf gekommen, die Knollen zum Verzehr zu kochen. Dies alles gehört wohl eher in das Reich der Phantasie.

Die Vogtländer meinen, ihre Kartoffeln habe der Zimmerergeselle Hans Wolf Löw-Kummer, der um 1680 in England arbeitete, von dorther mitgebracht, um sie in seines Vaters Garten in Würschnitz bei Oelsnitz anzubauen.

Einer anderen Version nach soll sie ein in Böhmen liegender niederländischer Offizier um 1647 aus seiner Heimat mitgebracht und in Roßbach bei Asch angebaut haben. Man erzählt sich, daß der alte Hofmann in Friedersbach bei Roßbach immer die besten Dienstboten deshalb hatte, weil er ihnen sonntags Erdäpfel vorsetzte.

Seit Beginn des 18. Jahrhunderts werden Kartoffeln feldmäßig im Vogtland angebaut, und seit Mitte des Jahrhunderts sind sie auch in allen Städten verbreitet und als „Noth-, Vieh- und Armenkost" geschätzt. Pfarrer Marbach aus Schöneck kann deshalb 1731 in seine Chronik schreiben: „Die weißen Erdäpfel sind nebst deren Klößen in allen Häusern die ordinaire Zukost . . ." Und Chronist Gläsel aus Markneukirchen, der über die Zusammensetzung des Brotes aus Sommerkorn, Hafer und Gerste schreibt, fügt hinzu: „wenn's genügend Erdäpfel gibt, auch ein wenig davon darunter."

Der vogtländischen Hausfrau geschähe unrecht, beschränkte man ihre Kochkunst lediglich auf Kartoffelgerichte. Vorzüglich versteht sie Karpfen zu bereiten, Forellen, Gänsebraten herzurichten, „Schweinsknöchle" und Kaninchen zu braten, gewöhnlich mit „Hasenbroten" bezeichnet. Sie vermag die besten hausgemachten Nudeln herzustellen, „Ludeln" genannt, weiß die unterschiedlichsten Pilzgerichte zu kochen und zu braten und zaubert wohlschmeckende Aufläufe aus unterschiedlichen Zutaten. Und nicht vergessen die vielen und wohlschmeckenden Kuchensorten, wenn Kirmes ist im Haus, Kindtaufe oder Hochzeit: Quark-, Apfel-, Pflaumen-, Schokoladen- oder Schwarzbeerkuchen, Kuchen mit Pudding-, Kokosflocken- oder Streusel belegt. Zu Bergen türmt er sich auf den Tischen, sind Gäste angesagt. Und auch die Weihnachtsstollen dürfen nicht vergessen werden, daheim oder beim Bäcker ausgebacken.

Irgendwo steht geschrieben: „Sag mir, was Dir schmeckt, und ich sage Dir, wo Du die ersten Schritte hast getan!" Das muß wohl allgemein stimmen. Für das Vogtland stimmt es ganz gewiß!

Der Dichter Julius Mosen aus Marieney

Marieney ist eines der ruhigen Vogtlanddörfer, fernab vielbefahrener Straßen, hektischen Getriebes, und doch nicht weltabgeschieden. Denn nach kurzer Autofahrt auf der B 92 von Oelsnitz nach Adorf und einem links abbiegenden Seitental der Weißen Elster ist der Ort erreicht. Um die Höfe breiten sich Wiesen und Weiden, von Bäumen und Buschwerk durchsetzt. In der Ferne hält sie der Wald zusammen.

Sicher wäre Marieney, wie so manches andere Bauerndorf im Vogtland, eben eines von vielen geblieben, bestenfalls auf der Landkarte durch einen Punkt oder Kreis vermerkt und im Postleitzahlenbuch mit einer Nummer versehen, wären hier nicht zwei Persönlichkeiten zur Welt gekommen, die ihre Lexikonspalten haben: der nachromantische Dichter Julius Mosen und der sächsische Landvermesser und Kartograph Adam Friedrich Zürner.

Noch unsere Eltern und Großeltern fanden in ihren Schullesebüchern Mosens „Der Trompeter an der Katzbach" oder „Heinrich der Löwe", lasen seine Legende vom Kreuzschnabel, der dem leidenden Heiland einen blutigen Nagel aus der durchbohrten Hand ziehen wollte. Und sie alle kannten und

„Marieney ist eines der ruhigen Vogtlanddörfer, fernab vielbefahrener Straßen..."

sangen das Lied: „Zu Mantua in Banden, der treue Hofer war . . .“ Still ist es um den Dichter geworden. Freilich, seinen festen Platz unter Deutschlands Dichtern hat er auch heute noch.

Und wem begegneten nicht schon auf seinen Wanderfahrten durch altes kursächsisches Land jene Steine und Säulen mit den verschiedenen Ortsangaben, verallgemeinert Postsäulen geheißen, als die Denkmale Zürnerschen Wirkens?

„Dort, wo die Hügel nach Osten zu aus dem Elstertale hinaus in die Bergter-rassen zum Erzgebirge sich erheben wollen, in dem Dorfe Marieney, welches zwischen den Städten Schöneck, Markneukirchen, Adorf und Ölsnitz mitten innen liegt, bin ich am 8. Juli 1803 geboren worden", so schreibt Julius Mo-sen am Anfang seiner „Erinnerungen".

Hier, in dem kleinen vogtländischen Dorf, war sein Vater Schulmeister und Kantor. Vom Jungen wird gesagt, er bleibe am liebsten allein oder lausche den Erzählungen der Erwachsenen. Und wenn er nur könne, sei er draußen im Wald oder zwischen den Büschen. Liebevoll wurde er von den Seinen und den Nachbarsleuten Juli gerufen.

Als im Jahre 1813 ein Trupp russischer Kosaken ins Dorf kam, verkrochen sich die Leute hinter verschlossenen Türen. Aus dem Hinterhalt beobachte-ten sie die Fremden auf der Straße. Jedoch der Junge ging furchtlos auf die Soldaten zu und wußte sich bald radebrechend mit ihnen zu unterhalten. Er notierte sich Worte in Deutsch und Russisch und brachte das Kunststück fer-tig, bald zwischen Fremden und den Dorfleuten vermitteln zu können.

Sein Vater war ihm sein erster Lehrer. Dann aber zog er von daheim fort, um von 1817 bis 1821 das Plauener Gymnasium zu besuchen. Ab 1822 studier-

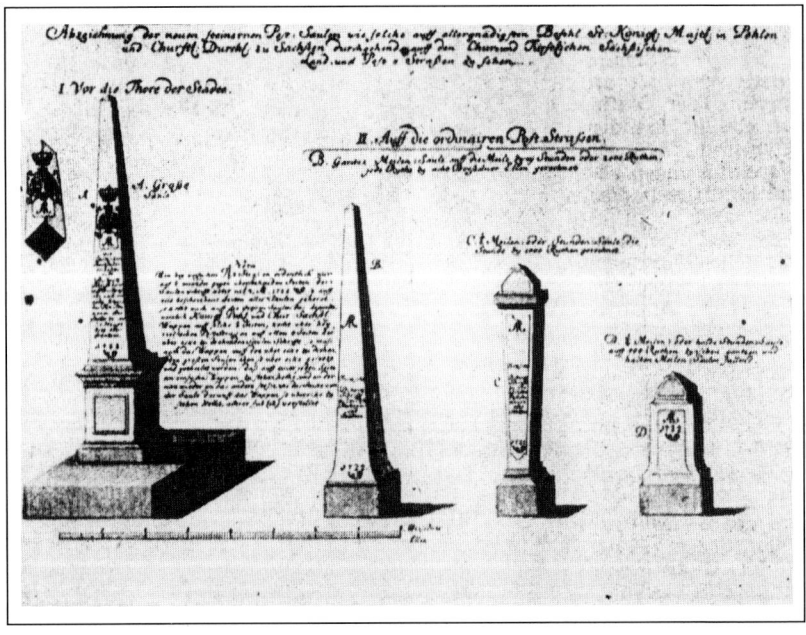

Die vier Typen der kursächsischen Postmeilensäulen, wie Zürner sie vorsah

te er Rechtswissenschaften in Jena. Nach einem Jahr waren jedoch die finanziellen Mittel erschöpft, so daß er es abbrechen mußte.

In dieser Zeit entstanden seine ersten Gedichte und die Novelle „Georg Venlor", die er seinem Studienfreund August Kluge widmete. Für ein Festgedicht bedachte ihn der auf dem Höhepunkt seines Ruhmes stehende Goethe mit einem Preis von 35 Talern. Und auch die Herausgabe der Dichtungen von Ludwig Theobul Kosegarten brachten ihm ein paar Taler hinzu.

Mit seinem Freund August Kluge unternahm er das Wagnis und ging für zwei Jahre nach Italien. Denn der zählte doppelt, der Italien kannte. Dort aber übermannte ihn immer wieder jene wundersame Regung, die er, freilich schwächer, schon während seiner Jenaer Zeit verspürt hatte, das Heimweh: „Wie gute Engel ziehen diese Stimmen des Heimwehs mir überall nach", schreibt er. „Sie finden mich in dem Gedränge des Marktes, sie schleichen mir nach in das Theater und klingen oft mit einem einzigen Waldhornton durch das rauschendste Konzert, wie aus tiefgrünem Waldesdunkel zu mir her. Heimat! Welche Seligkeit schließt nicht das einzige Wort in sich!"

Unter diesem Eindruck entstand sein Gedicht: „Aus der Fremde", der Vogtländer liebstes Werk von Mosen: „Und hätte er nur das eine Gedicht geschrieben, und keines mehr, er wäre auch dann unser geachtetster Dichter", sagt der Mann auf der Straße.

> „Wo auf hohen Tannenspitzen,
> die so dunkel und so grün,
> Drosseln gern verstohlen sitzen,
> weiß und rot die Moose blüh'n;
> zu der Heimat aus der Ferne
> zög ich heute noch so gerne . . ."

Nachdem Mosen aus Italien zurück war, setzte er in den Jahren von 1826 bis 1828 sein Jurastudium fort und schloß es in Leipzig ab. Danach arbeitete er als Akzessist bei einem Notar in Markneukirchen, wurde Aktuar am Patrimonalgericht in Kohren und 1834 Advokat in Dresden.

Hier, in der Elbmetropole, verbrachte er eine glückliche Zeit, hier fand er seine Frau und gute Freunde und hier erlebte sein dichterisches Schaffen die Blütezeit. Zu seinem engen Freundeskreis zählten Dichter, wie Herwegh, Hoffmann von Fallersleben und Tieck, der Architekt Semper und der Bildhauer Rietschel. Die warme Jahreszeit verbrachte er im nahen Strehlen in der Sommerfrische. Hier besuchten ihn Uhland und Geibel. In Dresden erfolgte auch seine Hinwendung zur dramatischen Dichtung.

Da erreichte ihn 1844 frohe Kunde aus Oldenburg. Die dortigen Honoratioren beriefen ihn zum Hofrat und Dichter des Hoftheaters. Damit sollte sich Mosens Herzenswunsch erfüllen: der Dichtung ganz zu leben, sorgenfrei und in gesicherter Stellung! Schweren Herzens nahm er von Dresden und seinem liebgewordenen Freundeskreis Abschied.

Das so hoffnungsvoll in Oldenburg begonnene Wirken sollte bald einen bösen Rückschlag bringen. Eine Lähmung, hervorgerufen durch rheumatische Leiden, die sich 1846 einstellten, behinderte ihn, sich zu entfalten und bestätigen zu können. Eine Kur in Helgoland blieb ohne Erfolg. Auch mehrere Aufenthalte im Schwarzwald zeigten keine Wirkung. Er ging zur Behandlung in die Wasserheilanstalt Leesen im Großherzogtum Mecklenburg, suchte nach Heilung in Berlin und Leipzig und in Bad Gastein.

Sein Zustand verschlimmerte sich immer mehr. Er konnte nicht mehr schreiben, später, wegen der Herzmuskelschwächung, nicht mehr lesen und schließlich nur noch mit höchster Anstrengung ein, zwei Worte sprechen. Jeden Donnerstag kamen seine Freunde ins Haus, um ihn zu unterhalten.

22 Jahre währte sein Leiden, bevor sein Lebenslicht erlosch. Am 10. Oktober 1867 starb er und wurde auf dem Oldenburger Friedhof beigesetzt. Eingedenk der Gedanken, die er in der Novelle „Ismael" niederschrieb, pflanzten Freunde zwei Fichten aus dem Vogtland auf sein Grab: „Was ihr mir auch bieten mögt, ich werde doch nie die fernen Berge und Täler, nie die Fichtenbäume, die über meiner Wiege gerauscht haben, nie vergessen die Nachbarn meines Vaters und ihre Kinder, meine Spielgenossen!"

*

Julius Mosen wird der nachromantischen Strömung in der deutschen Literatur zugeordnet. Er gilt als unermüdlicher Streiter für die Sache des Vaterlandes. Bekannt wurde er durch seinen Roman „Der Kongreß in Verona", der 1842 erschien und der dem Freiheitskampf des griechischen Volkes gewidmet ist. Wohl am populärsten wurde sein Lied „Andreas Hofer", das den Kämpfern von 1813 zugedachte Gedicht „Der Trompeter an der Katzbach" und sein Polengedicht „Die letzten Zehn vom vierten Regiment".

Ferner zählen zu Mosens Hauptwerk die epische Dichtung „Lied vom Ritter Wahn" (1831), der den Tod besiegen wollte, „Ahasverus" (1838), die Bühnenwerke „Cola Rienzi" und „König Otto III." und die Novellen „Bilder im Moose". Sein Gesamtwerk umfaßt 6 Bände. Bis 1907 gab es etwa 390 Vertonungen seiner Gedichte.

Am Haus neben der Kirche von Marieney ist ihm zum Gedenken eine Tafel angebracht, und auf dem Friedhof steht ein Denkmal. Ein nach Julius Mosen benannter Turm krönt den Eisenberg bei Jocketa, und im Röhrholz bei Oelsnitz gibt es einen Mosen-Gedenkstein.

Über die Zeiten hinweg klingen noch heute Mosens mahnende Worte nach: „Heimat! Welche Seligkeit schließt nicht das einzige Wort in sich! Ach, wir Männer der neuesten Zeit haben die Heimat verloren, deshalb sind wir auch alle so unglücklich! Heimat, Vaterland, Glauben und Frieden – das alles ist dahin . . . Als ob nicht die Heimat das Herz wäre, mit welchem wir die Freuden und die Leiden der ganzen Welt erst fühlen lernten!"

„Schönberg – ohne Wartezeiten"

Täglich mehrmals meldet der regionale Rundfunk Neues vom Grenzübergang Schönberg, einem der wenigen von Sachsen in die Tschechische Republik. Dem Brummifahrer klingt es wohl im Ohr, wenn es heißt: „Schönberg – ohne Wartezeiten!" Denn schon manchen Tag, zusammengerechnet vielleicht schon einen ganzen Urlaub lang, stand er auf der Straße und sehnte sich, statt nach landschaftlichen Schönheiten, viel mehr nach einer baldigen Zollabfertigung und Weiterfahrt.

In Sachsens südlichstem Zipfel, in eine Grenzausstülpung weit hinausgeschoben, liegt nahe der Transitstraße der 759 Meter hohe Kapellenberg. Vorwiegend aus Zweiglimmergranit zusammengesetzt, ist er die höchste Erhebung des Elstergebirges. Andere Berge des Vogtlandes mögen höher sein. Von Sachsen her ist er ohnehin wenig augenfällig. Imposant hingegen und ohne gleichwertige Nachbarn steigt er als Südfuß des Gebirgskammes unmittelbar aus dem Egertal empor. Dadurch entstehen in dieser Höhenlage klimatisch günstige Bedingungen für wärmeliebende Pflanzen, wie Weidewegerich, Gartenwolfsmilch oder Klebriges Geiskraut, um nur einige zu nennen. Der weithin sichtbare und heute dichtbewaldete Gipfel war ein wichtiger Punkt der Landesvermessungsarbeiten im Jahre 1864, oder wie es im Amtsdeutsch heißt, eine „Königlich-Sächsische Station der mitteleuropäischen Gradmessung". Eine Säule auf der Höhe erinnert die Besucher an diese wissenschaftliche Großtat unserer Vorfahren.

Der schönen Aussicht wegen baute der Verband der vogtländischen Gebirgsvereine auf den Gipfel einen Aussichtsturm, genau über die Erinnerungssäule. Er war 18 Meter hoch und wurde am 29. November 1931 eingeweiht. Über einige Jahrzehnte hinweg war er ein beliebtes Ausflugsziel für Wanderer, Brambacher Kurgäste und Schulklassen. Da man von ihm aus einen weiten Abschnitt der innerdeutschen Grenze einsehen konnte, wurde zu DDR-Zeiten der Turm verkommen lassen, wegen „Baufälligkeit" für die Allgemeinheit gesperrt und 1982 abgetragen. Dadurch sollte illegalen Grenzübertritten kein Vorschub geleistet werden.

Ein paar Baumlücken, die den Blick freigeben, lassen ahnen, welch umfassendes Panorama die Höhe bietet. Deshalb mußte sich schon 1261 Heinrich der Ältere von Weida gegen Herzog Ludwig von Bayern, den Vormund des jungen Konradin, verpflichten, keine Burg auf dem „Schoninperg", so hieß damals der Kapellenberg, zu errichten.

Zumindest von den Waldrändern, nach Schönberg zu gelegen, erhält man einen nahezu umfassenden Überblick über das fast 200 Meter tiefer liegende Becken mit dem Egertal. Ist das Wetter danach, soll man etwa 60 Städte und Dörfer ausmachen können. Am Waldrand sitzend, mit einer Karte auf den Knien, kann man sich stundenlang damit vergnügen, das Kartenbild mit der

Landschaft zu vergleichen, um Berge, Flüsse und Ortschaften mit ihrem Namen zu benennen.

Fast schnurgerade eilt das dunkle Asphaltband durch flaches Land bis hinüber zur Stadt, die sich in der Ferne zeigt, Eger. Dort liegt Franzensbad und zwischenhinein drängt sich die Kuppe eines erloschenen Vulkans, Kammerbühl geheißen, um den im vorigen Jahrhundert Vulkanisten und Neptunisten in einen langen wissenschaftlichen Streit verfallen waren, an dem sich auch Goethe beteiligte. Im weiten Südwesten läßt sich Hohenberg mit seinem Schloß vermuten.

Weithin schweift der Blick über die bewaldeten Höhen bis hin zum fernen Kapellenberg

90

Hinter den Häusern von Starý Rybnik liegt die Naturreservation Soos. Einmalig in Europa, die ausgedehnten Torfmoore und Mineralquellen. Aus den Mofetten entweicht ständig Erdgas. Man könnte meinen, es seien kleine Vulkane. Un da liegt Maria Kulm! Berühmt als Wallfahrtsort mit einer aus der Zeit um 1400 stammenden Kirche. Die beiden an der Westfront liegenden Türme ragen steil gegen den Himmel. Einstmals soll hier eine sagenhafte Räuberbande umgegangen sein. Der Tochter des Burgvogtes von Falkenau, Bibiane, wird zugesprochen, dem Treiben dieser Bande ein dramatisches Ende bereitet zu haben.

An den Südhang schmiegt sich Schönberg an, Sachsens südlichstes Dorf, 50 Grad und 11 Minuten nördlicher Breite und genau 160 Meter tiefer als die Kuppe des Berges.Und wiederum 40 Meter tiefer liegt jener eingangs erwähnte Grenzübergang, das Nadelöhr im Hinüber und Herüber für die großen Brummer mit ihren Frachten.

*

Sagen müssen nicht absolut aus der Luft gegriffen sein. Manch eine hat ihre Wahrheiten in sich versteckt, und wenn es nur ein Quentchen davon ist. Das meinte auch der Feldwebelleutnant Nabe, der 1916 ein Grenzsicherungskommando aus Landesschützen in Voitersreuth befehligte. Ihm waren vom nahen Kapellenberg bei Schönberg allerhand Dinge zu Ohren gekommen, voller Rätsel, daß ihm danach drängte, sie ganz oder wenigstens teilweise zu lüften.

So hieß es bei den Leuten der Umgebung, auf der Höhe des Berges sei eine heilige Opferstätte gewesen, auf der selbst Menschen den Göttern dargebracht wurden, mit einer mächtigen, freilich arg verfallenen Burganlage darum. Auf halber Höhe des Berges, an der ehemaligen Handelsstraße zwischen Eger und dem Norden, gab es einen Goldbrunnen mit einem Wasser von unschätzbarer Heilwirkung. Man habe schon daran gedacht, es in Rohre zu fassen und bis hinüber nach Maria Kulm zu leiten. Allerdings, so hieß es auch, entfernte man den großen Stein mit dem Kreuz darauf, bräche ein Strom Wasser hervor, der das ganze Egerland überflute. Auch ein Schlüssel läge unter ihm, mit dem sich ein Goldschatz erschließen lasse. Schließlich sei ein Venezianer, als Zigeunerhauptmann verkleidet, nicht umsonst einundzwanzigmal hierher gekommen, reich geworden, daß er als Dolfo di Prestallez Doge von Venedig werden konnte.

Und neben der Goldquelle habe es eine Kapelle gegeben. Die drei edlen Jungfrauen Anna, Maria und Katharina wurden von einem Liebhaber betrogen, einem jungen Ritter. Als sie es entdeckten, entsagten sie vor Enttäuschung der Welt und gingen ins Kloster. Anna ließ eine Kirche bei Eger bauen, Maria die zu Maria Kulm und Katharina die Kapelle am Goldbrunnen. Auch der Ritter wollte seine böse Tat büßen und ging mit zu den Kreuzzügen. Als er nach Jahr und Tag zurückkam, lebte von den drei Nonnen nur Katharina noch. Bei beider Begegnung umarmten und küßten sie sich. Weil aber damit das Gelübde der Nonne gebrochen war, stürzte zur Strafe das Kirchlein zusammen und begrub beide unter sich. Als Warnung trage die Abdeckung des Goldbrunnens das Abbild des Kreuzes der Kreuzritter und des Sarazenenpfeils, womit sie ihre Mäntel zusammenhielten.

Das alles ging dem Feldwebelleutnant durch den Kopf, als er seine Männer rüstete, um mit ihnen dem Reden der Leute nachzugehen und entsprechende Ausgrabungen vorzunehmen.

Was sie auf der Kuppe des Kapellenberges fanden, waren keine spektakulären Opferplätze oder absonderliche Burggemäuer, wohl aber die bis dahin unbekannten Reste eines steinernen Kastells aus dem frühen Mittelalter und einen vorgeschichtlichen Ringwall, eine Zuflucht- und Verteidigungsanlage. In sie war später die Bastion eingeführt worden.

Als die Soldaten die Reste der Kapelle auf halber Bergeshöhe freilegten, nach dem der Berg benannt worden sein soll, standen Leute dabei, Bauern und Holzmacher aus dem Dorf und der Umgebung, die wissen wollten, die Kapelle habe eine Zeitlang einem Räuberhauptmann Unterschlupf gewährt, andere wollten von einem Mädchenräuber wissen, der hier seine Opfer mißbrauchte und anschließend tötete, und auch davon war die Rede, daß es eines der Nachtlager gewesen sei, jener Räuberbande, die in Maria Kulm und anderswo ihr Unwesen trieb.

Nach einer Zeit des Grabens erwies sich die verfallene Kapelle als ein gotischer Bau aus der Zeit um 1300. Im Quadrat 7 Meter lang, 7 Meter breit, lediglich bei der angegliederten Abside 13 Meter lang, mit 85 Zentimeter dicken Mauern. Und für die Fachleute stand fest: Es handelt sich um eine Feld- oder Wallfahrtskapelle der Kreuzfahrer von Eger, wie die Symbole auf dem Stein des Goldbrunnens bewiesen. Und die Annahme lag nahe, daß sie von einem Klausner versorgt wurde, der dicht dabei eine Blockhütte hatte. Nach 1529, bedingt durch die Folgen der Reformation, wurde die Kapelle aufgelassen und verfiel.

Bei der Ausgrabung stieß man jedoch auf einen unheimlichen Fund: Als man den Bodenbelag der Kirche aufgrub, fand man in geringer Tiefe acht regellos beigesetzte vermorschte Särge mit Gebeinen darin, von denen fünf verhältnismäßig gut erhalten waren: Männer, Frauen oder Kinder. Welche hatten die Hände gefaltet, andere untergeschlagen oder längs am Körper ausgestreckt. Jedoch machte man bei einem der Toten eine ungewöhnliche Entdeckung: Er lag auf dem Bauch, hatte den rechten Arm unter dem Hals, den linken seitwärts gestützt und die Beine an den Körper herangezogen. Und sofort kam die Überlegung auf: Man legt doch keinen Toten bäuchlings in den Sarg, mit abgestützten Armen oder gar angezogenen Beinen! So mußte man geradezu annehmen, daß der Mann bei Leben beigesetzt war.

Damit war genügend Stoff gegeben zu neuen Sagen, Vermutungen, Spekulationen! Lag hier ein Verbrechen vor? Ein mysteriöser Scheintod? Ließ sich

Ein weiter Blick eröffnet sich von der Anhöhe des Kapellenberges über das Dorf Schönberg hinweg ins Egerland

der Mann absichtlich lebendig begraben? Und man war mit dem Feldwebel-leutnant einer Meinung: Wurden auch viele Geheimnisse des Kapellenber-ges gelüftet, dies wird wohl niemand ergründen können. Es bleibt das große Rätsel des Berges im südlichsten Zipfel Sachsens, das er der Nachwelt auf-gab.

*

Früher führte einer der Handelswege zwischen Sachsen und Böhmen mitten durch Schönberg. Ein Glück für seine Bewohner, daß der 1830 angelegte Verkehrsweg, die heutige B 92, vorüber und nicht durch den Ort führt. So ist er durch diese Straße zwar mit der Welt verbunden, muß aber nicht die Unru-he in Kauf nehmen, die eine solche wichtige Verkehrsader nun einmal an sich hat.

Erstmals ist im Jahre 1261 von einem Schoninberch die Rede. Aller Wahr-scheinlichkeit nach ging der Ort aus einer alten Wasserburg hervor. Seine frühe Gründung stand sicherlich im Zusammenhang mit dem strategisch wichtigen Kapellenberg.

1342 ist die Burg bereits Mittelpunkt der Herrschaft der jüngeren Linie der Grundherren Neuburg-Asch. Danach kam sie in die Hände der Herren von Reizenstein, die bis 1945 hier ihren Sitz bewahrten. Sie waren es auch, die 1685 das dreigeschossige Herrenhaus errichten ließen, das über die Häuser-dächer des Ortes schaut. Es ist, wie auch die anderen Gebäude des Herr-schaftssitzes, mit dem achteckigen Wachtturm aus dem Jahre 1685 verbun-den. Im Kern ist die Anlage spätgotisch, ihr läßt sich aber ansehen, daß im Zeitverlauf immer wieder daran verändert wurde. Lediglich an der Südseite des eingebauten Turmes ist ein spätgotischer Erker erhalten.

Das alte Schloß mit seinem Park daneben, der Dorfbrunnen, um den sich die Häuser gruppieren, die Gärten und, nicht vergessen, der weite Blick, machen den Reiz des Ortes aus. Und so heißt es unter den Feriengästen: In Schön-berg ist es schön, am schönsten, wenn die größte Uhr des Ortes die Zeit an-zeigt! Gemeint ist die große Sonnenuhr, die ein heimischer Künstler für seine Gemeinde schuf. Drei Worte hat er eingeschnitzt: „Temporis – flua – veritas", was soviel heißt, wie: „In der dahinfließenden Zeit liegt die Wahrheit!"

Es ist kein Wunder, daß Goethe, der von Franzensbad hierher ins Pfarrhaus kam, sich gerne seines Besuches erinnerte. Er kannte auch Schönbergs Mi-neralquelle und trank davon. Die Bürger des Ortes sind stolz auf diesen ho-hen Gast. Gerne zeigen sie zum Pfarrhaus hin, an dem eine kleine Gedenk-tafel an diesen Besuch erinnert.

Jenen, die berufsbedingt mit ihrem „Brummi" an Schönberg heranfahren und vom Ort nichts mehr als seinen Namen kennen und seine Lage dem Karten-bild entnehmen, möchte man wünschen, was unserem Kapitel als Über-schrift diente: „Schönberg – ohne Wartezeiten" oder noch besser: „Vierzehn Tage Schönberg, aber ohne Fahrzeug!"

„Wie freue ich mich, den Donner über dem vogtländischen Granit zu hören!"

Siebzehn Mal reist Goethe zur Kur in die böhmischen Bäder, davon allein sechzehn Mal nach Karlsbad und Marienbad. Um zum Ziel zu gelangen, wählt er gewöhnlich den kürzesten Reiseweg. Der führt von Jena aus durch das Saaletal über das vogtländische Schleiz und Hof nach Böhmen. Er kennt diese Route, ihre Glanzpunkte und Tücken, weiß, wo sich gut speisen und schlafen läßt, wo Brückenzölle und andere Mautgebühren fällig sind. So sehr er auch darüber klagt, daß ihm immer wieder das Gepäck visitiert werde, hat er sich mit diesen Unpäßlichkeiten längst abgefunden.

Neun Jahre lang zögert er, bevor er sich im Jahre 1795 entschließen kann, dem freudlos gewordenen Weimar zu entsagen und wieder zum Karlsbader Sprudel zu reisen. So sehr er sich auch vornimmt, dort ganz seiner Gesundheit zu leben, kann er doch nicht verwinden, einen Stapel unterschiedlicher Manuskripte in sein Reisegepäck zu stecken.

Diesmal zieht der nun Sechsundvierzigjährige eine andere Reiseroute vor. Sie führt das Elstertal aufwärts, über Plauen, Adorf, Neukirchen ins Böhmische. Es ist der Reiseweg, den viele benutzen, um zu den heilenden Bädern zu kommen. Goethes geologisch-mineralogische Interessen mögen mitbestimmt haben, diesen und keinen anderen Weg zu wählen. Die Tagebucheintragungen, die er während der Fahrt macht, deuten darauf hin.

Von Nordwesten her erreicht er die Stadt Plauen. Sie liegt am alten Straßenkreuz der Verbindung Süddeutschland und Böhmen mit dem Norden und Osten. In Plauen läßt er anhalten. Hier wird er die Nacht verbringen. Weithin ist die Stadt wegen wohlfeiler Kattune und Schleier bekannt, am meisten aber wegen seiner Musseline. Vier Jahre zuvor, 1791, stellte man in Plauen die erste Spinnmaschine auf. Die „schönen Musselinfabriken" beeindrucken Goethe. Musselin ist ein rohweiß hergestelltes feinfädiges Wollgewebe in Leinwandverbindung. Gestreift, kariert, auch bedruckt, gelangt es auf den Markt zur Anfertigung feiner modischer Damenkleider.

Am nächsten Tag fährt er weiter in Richtung Oelsnitz, Adorf. Dabei beobachtet er die geologischen Verhältnisse der Landschaft, den gutstehenden Wald und Ackerbau. Das Wetter ist regnerisch. Am Abend des 3. Juli 1795 trifft er im Ackerbürgerstädtchen Adorf ein.

Das Freiberger Tor, 1768 erneuert, bietet sich schmuck dar. In der Posthalterei, dem Pinderschen, später Prenzelschen Haus Nr. 55, am Altmarkt, unmittelbar neben dem Gasthof „Zum Goldenen Löwen", bezieht er Quartier. Später hat man über dem Tor eine Gedenktafel angebracht: „In diesem Hause weilte Wolfgang von Goethe vom 3. zum 4. Juli 1795."

In der Wirtsstube lauscht er den Gesprächen der Einheimischen und versucht von dem einen oder anderen eine Auskunft zu erlangen. Wieder einmal entdeckt er, wie sehr doch der Dialekt das eigentliche Element ist, in dem die Seele ihren Atem schöpft. Unter dem Eindruck von Lavaters Physiognomie stehend, studiert er die Gesichter der Anwesenden.

Am zeitigen Morgen des nächsten Tages reist Goethe weiter. Die erste Rast macht er an der mit Steinen eingefaßten „Wiesenquelle" in der Elsteraue. Jahre später soll sie als „Moritzquelle" unter den sächsischen Heilquellen Berühmtheit erlangen und zum Anziehungspunkt von Bad Elster werden.

Am 4. Juli 1795 trägt er in sein Tagebuch ein: „Gleich hinter Schönbach hört der Tonschiefer auf, man kommt in einen guten fruchtbaren Boden, der aus einer gelben, gelbroten, kalktonigen Erde mit mäßigen Quarzstücken besteht. Die Früchte stehen gut darauf, und man findet hier viel Kleebau, auch werden die Ränder und Leden umgerissen. Dieser Boden entsteht durch Verwitterung des Glimmerschiefers . . ."

Goethe beobachtet viel mehr, als die Jahre zuvor, den Zusammenhang der Natur und besonders den Boden als die Grundlage des Acker-, Pflanzen- und Waldbaus. „Nach überstandenen leidlichen Wegen" kommt er noch am 4. Juli 1795 in Karlsbad an. Diesmal belegt er ein Quartier im „Grünen Papagei".

Vor seinen Augen zieht nochmals die ganze Herreise vorüber. Schritt für Schritt passiert sie vor ihm Revue. Dann setzt er sich hin und schreibt in sein Tagebuch: „3. Juli Mittags in Plauen. Der Postmeister Ermisch ist ein wohlhabender Mann und hat eine starke Familie von 11 Kindern. Der Ort ist nahrhaft und hat schöne Musselinfabriken. Überhaupt stehen die Orte in dieser Gegend gut, weil sie große Fluren und guten Feldbau haben. Ich fand am Weg Braunstein und Granit; man sagt mir, sie brachen bei Beringen, in Trieb. Die Mühlsteine, die sie aus dieser Gegend brauchen, kommen von Neukirchen. Der Thonschiefer fährt in allen seinen Abänderungen fort, und verwittert meistens zu sehr kleinen Teilen; sowohl die Frucht als wie die Fichtenwälder gedeihen sehr gut; ich sollte denken, wenn mans mit Mist zwingen könnte, so müßte der Fruchtbau auf einen hohen Grad zu treiben seyn. In dieser Gegend sieht man keine Futterkräuter, aber keine Leede, alles ist bebaut oder Wald. Abends in Adorf im Posthaus. Bey verschiedenen Mädchen bemerkte ich eine wunderliche Bildung der Nase, sie ist spitz unterwärts gezogen und vor den Läppchen eingedrückt. Den 4ten früh daselbst weg, bey Schönbach hält man an, den Koffer versiegeln zu lassen, das wohlgelegene Gut gehört H. v. Korb." Und unter „Lesearten" ist noch zu finden: „Kreishauptmann läßt Chausseen nach Adorf zu machen. Näher nach Adorf viele Wiesen."

Ungeachtet des regnerischen Wetters erholt sich Goethe gut in Karlsbad, arbeitet an seinen Dichtungen, nimmt alle Lustbarkeiten wahr, die sich ihm reichlich bieten. Es gefällt ihm. Er muß sich zur Rückreise regelrecht zwingen. In Eile kauft er ein Stück aus der Fülle des ihm angebotenen Taffet

Das Freiberger Tor in Adorf, Rest der alten Stadtbefestigung, beherbergt heute das Heimatmuseum

als Mitbringsel „denn sie sind sehr schön hier, daß einem die Wahl weh tut . . .“

Für die Heimreise wählt er die ihm vertrauten „leidlich bösen Wege“. In Plauen bleibt er zur Nacht, und am 17. August 1795 ist er wieder in Weimar. Man erwartet ihn. Und ehe er es selbst gewahr wird, haben ihn die Alltagsgeschäfte überrumpelt und fordern von ihm alle Kraftreserven.

*

Fast drei Jahrzehnte vergehen, bevor Goethe wieder ins Vogtland kommt. Er hat häufig davon gesprochen, den Kapellenberg zu besuchen. Die Franzensbrunner Badegäste fahren gern zu ihm hinaus, verweilen in Schönberg im schattigen Wald am Sauerbrunnen, trinken Kaffee oder schlürfen heiße Schokolade, die man dort zu reichen weiß. Auch Nachricht kommt bis in den Badeort über einen Pastor, der dort wirkt, mehr Naturforscher als Seelsorger, mit dem Namen Martius, gleich einem berühmten Professor, der in München lehrt.

Am 7. August 1822, nach dem Mittagsmahl, fährt Goethe in Begleitung des Egerer Polizeidirektors Sebastian Grüner nordwärts aus Franzensbad in Richtung Schönberg im sächsischen Vogtland. Der Grund, der ihn zu dieser Fahrt bewegt: Der geologische Aufbau des Kapellenberges hinter dem Dorf Schönberg.

Der Berg ist ihm wenig imposant. Am ehesten gleicht er einem breitgezogenen Maulwurfshügel, obwohl er urplötzlich die weite Ebene des Egerlandes abschließt. Grüner erklärt ihn als granitenen Südfuß des Gebirgskammes.

Oberhalb des Ortes läßt Goethe der schönen Aussicht wegen das Gefährt anhalten. Ein herrliches Panorama bietet sich ihren Blicken. Unten breiten sich die Wiesen und reifenden Felder über das Land. Sie können den Kammerbühl erkennen und die jenseits der Stadt Eger aufsteigende Höhe mit der St. Annenkirche. Hinter den Dörfern im Nordwesten stehen die Höhen des Fichtelgebirges, das große Schieferplateau mit den daraus aufragenden bewaldeten Granitbergen. Danach steigt Goethe mit dem Polizeirat den Kapellenberg hinauf, Wege benutzend, die der Holzabfuhr dienen.

In sein Reisetagebuch schreibt Goethe unter Mittwoch, den 7. August 1822: „Nach Tisch mit Rat Grüner nach Schönberg, einem in vieler Hinsicht interessanten Punkt. Eine Spitze des sächsischen Vogtlandes drängt sich nach Böhmen hinein. Am Fuße des Kapellenberges (eigentlich Capellenberges), dessen Höhe daraus ermessen werden kann, daß auf seiner Nordseite die Elster entspringt und von da ihren Weg weiter verfolgt, ein altes Schlößchen des Herren von Reitzenstein, jetzt verlassen, oberhalb aber findet man eine muntere Wohnung, wo in Lauben und auf Altanen die Franzensbrunner Gäste Tee, Kaffee, Schokolade, alle Art von Konditorwaren, besonders auf Bestellung gut und reichlich finden. Man rechnet von Franzensbrunn bis dorthin nicht einmal eine Stunde. Wir fanden daselbst viele Gesellschaft der obern und mittlern Klassen in verschiedenen Etagen gelagert. Zugleich erfährt man, daß im Hause ein Kramladen ist, wo der Spazierfahrende sich mit manchem in Böhmen verpönten Gute um leidlichen Preis versehen kann. – Den Kapellenberg hinauf hat man bis obenhin, wo eine Kapelle stand, bequeme Fußwege eingeleitet und dort die Bestandteile des Granits im großen neben einander gefunden. – Um neun Uhr waren wir wieder zu Hause."

Auf der Heimfahrt am warmen Sommerabend werden sich beide darüber einig, bald ein weiteres Mal nach Schönberg zu fahren, um die Sammlungen des Pastors zu besehen.

*

Am 8. August 1822 fahren beide, Goethe und Grüner, wieder nach Schönberg im sächsischen Vogtland. Diesmal werden sie den Pastor des Ortes besuchen, Anton Martius. Grüner nennt ihn Goethe gegenüber einen „kenntnisreichen und äußerst gefälligen" Mann.

Das soll sich bald zeigen: Martius fühlt sich durch den Besuch hochgeehrt. Er läßt nichts unversucht, die Gäste mannigfaltig zu unterrichten, vor allem weiß er gut Bescheid über die Lageverhältnisse der Granite im Vogtland. Raritäten holt er herzu, die seine Sammlungen auszeichnen. Darunter sind Mineralien, Skelettreste, Versteinerungen und Tonscherben. Er zeigt ihnen einen gewaltigen Meteoreisenstein von beinahe 5 Zentner Gewicht. Eine ganze Kollektion von Stücken englischer Steinkohle legt er vor, Gesteinsproben vom Kapellenberg und seiner Umgebung. Es sind unterschiedliche Granite. Goethe zeigt besonderes Interesse für die Mineraliensammlung vom nahen Kammerbühl. Als Rarität der Umgebung weist Martius Handsteine vor von Egeran aus Haslau. Das ist ein bräunlich bis bräunlichgrünes Mineral, chemisch kompliziert zusammengesetzt, ein strahliges Vesuvian, eben nur hier vorkommend. Martius freut Goethes Interesse. Und so überreicht er ihm ausgesuchte Stücke von Rauchtopas, Ametyst und Egeran, gewissermaßen zur Erinnerung an diesen Besuch. Goethe nimmt sie freudig und dankend an.

Während des Besuchs braut sich ein Gewitter zusammen. Als es sich heftig grollend entläd, eilt Goethe zur Tür. Das Schauspiel beobachtend, ruft er: „Wie freu ich mich, den Donner über dem vogtländischen Granit zu hören!"

*

Einmal taucht der Name des Pastors wieder in vieler Munde auf und wird auch von denen genannt, die ihn persönlich nicht kennen. Und das nochmals im Zusammenhang mit Goethe. Das ist lange nach dessen Tod. Um 1870 nämlich legt Martius einen kleinen Roman vor, der aus Briefen besteht, die er vertraulich mit Goethe gewechselt haben will. Das erregt allgemeines Aufsehen. Vor allem die Fachwelt horcht auf. Die Forscher bemühen sich um Martius, ja sie stürzen sich geradezu auf ihn und wollen die Originale der Goethebriefe sehen. Martius jedoch bedauert: Sie seien während des Krieges im Jahre 1866 beim Postversand verlorengegangen. Das war nun doch recht offensichtlich: Einen Schriftwechsel in diesem Umfange hatte es zwischen beiden niemals gegeben, und das ganze Buch war von Martius zusammengesponnen.

Schöneck, des Vogtlandes „Schnee-Eck"

Erhaben, auf einer bewaldeten Hochfläche und höher, als alle anderen vogtländischen Orte, liegt das Städtchen Schöneck. Wegen seiner schneesicheren Lage wußten es die Leute schon Mitte des vorigen Jahrhunderts „Schnee-Eck" zu nennen. Noch heute nennen die Einheimischen den Ort ein wenig neidisch, aber auch spöttisch so. Das mag für einen Wintersportort keine der schlechtesten Beifügungen sein. Sprießen anderswo die Krokusse und Märzenbecher, haben Schönecks Waldränder noch ihre Schneekragen. Und mancher kam über Ostern zum Skilauf aus dem Niederland herauf und brachte den Wirtsleuten ein Sträußchen Blumen aus dem eigenen Garten mit.

Die Schönecker Hochfläche, der sich das Elstergebirge anschließt, ist ein breiter, flachwelliger Rücken aus kambrischen und vorkambrischen, vorwiegend schieferigen Gesteinen. Nördlich steigt sie allmählich an gegen den Kontakthof des Eibenstocker Granitmassivs, nach dem Westen zu fällt sie rasch ab.

Der Name des Städtchens, Schöneck, besteht eigentlich zurecht. Man braucht nicht gleich den Kirchturm oder den zwischen Häuserdächern aufsteilenden Felsen, den Alten Söll, zu besteigen. Es reicht schon, ein paar Schritte nordwestlich vor die Stadt zu tun. Dort bietet sich ein seltener Blick, ein Bilderbuchblick, wie man ihn eben nur von einem „schönen Eck" aus hat. Darauf zielt auch die Sage hin über die Entstehung der Stadt. Die will folgendes wissen:

Einstmals seien böhmische Emigranten in das Waldland von Schöneck gekommen. Auf der Höhe gefiel es ihnen dermaßen, daß sie ausriefen: „Das ist eine schöne Eck'! Hier wollen wir uns anbauen!" Und sie gründeten einen Ort, aus dem später eine Stadt wurde. Der Schönheit des Platzes wegen, auf dem sie siedelten, nannten sie ihren Ort Schöneck.

Die Herleitung des Namens hat allerdings nur bedingte Verbindung dazu. 1225 hatte ein Albertus de Schonegge die kleine Grenzburg auf dem Alten Söll inne, die „Zum schönen Eck" hieß. Der Name der Burg wurde dann auch auf die nahen Häuser ausgedehnt. So, wie das häufig bei burgnahen Siedlungen geschah. Entstanden mag die Veste zwischen 1150 und 1230 sein, in der Zeit der vogtländischen Besiedlung. Ursprünglich gehörte sie zu den kleinen Grenzbefestigungen der Herrschaft Plauen. Im Jahre 1327 war sie böhmischer Lehnbesitz des Vogtes Heinrich III. von Plauen. Die Herren von Schöneck waren hier oben im Gebirge Lehnsleute der Plauener, gewissermaßen ihr vorgeschobener Posten. Wenige Jahre später, 1370, verkaufte sie Heinrich VIII. von Plauen für 400 Schock dem deutschen Kaiser und König von Böhmen Karl IV., aus dem Schulunterricht bekannt durch die von ihm erlassene „Goldne Bulle" und die Gründung der Prager Universität. 1422 wur-

Bei gutem Wetter kann man vom Alten Söll in Schöneck 2000 Quadratkilometer Land überblicken

de sie als Pfand an die Wettiner gegeben, die im 15. Jahrhundert die sächsische Herzogwürde und Kur erwarben und sie dadurch fortan behielten. Aber schon im Jahre 1580 mußte die Burg wegen Baufälligkeit abgetragen werden. Am längsten, bis zum Jahre 1765, rettete sich der Hauptturm. Als Wilhelm Dilich im Auftrag seines Landesherrn zwischen 1626 und 1629 durch Sachsen fuhr, um von wichtigen Orten Federzeichnungen anzufertigen, konnte er noch den weit in den Himmel ragenden Bergfried auf dem Alten Söll in seiner ganzen Größe konterfeien. In seiner Erklärung zur Zeichnung nennt er die Anlage auf dem Felsen „Das Schloß".

*

Als Suburbium erhielt die Siedlung durch Karl IV. am 15. August 1370 Stadtrechte. Sie waren verbunden mit Privilegien, wie sie nur die Stadt Elbogen in Böhmen besaß, nämlich Befreiung von der Heerfahrtspflicht, Gewährung der Niederjagd, Pechgewinnung in den nahen Wäldern. Lediglich mußten sie dann, wenn der Landesherr zu Besuch kam, ihm einen hölzernen Becher mit fünf Pfund schwäbischen Hellern überreichen. Schönecks Chronist Marbach wußte schon vor runden 350 Jahren mit dieser sonderbaren Regelung nichts anzufangen. Er schreibt: „Will man wissen, woher die ganz außerordentliche und vortreffliche Freyheit dieses Ortes ursprünglich herkomme, so kann man von niemand gründlich erfahren, was die Gelegenheit gewesen seyn . . ."

Hier hat die Sage jedoch auch ihre Erklärung gefunden: Als der Kaiser sich mit seinem Gefolge beim Jagen in den weiten vogtländischen Wäldern verirrte, sei er hernach von einem Waldmann oder Holzarbeiter heraus nach Schöneck geführt worden. Und nach einer anderen Art soll Kaiser Karl, der sich oft in Karlsbad aufhielt, von Räubern überfallen und verfolgt worden sein, so daß er sich mit seinen Leuten in den Schönecker Wald flüchtete, wo ihnen die Bürger von Schöneck Beistand leisteten und sie von den Räubern erretteten. Zum Dank für die geleistete Hilfe, ob nun bei der Jagd oder vor den Räubern, soll dahingestellt bleiben, hätten darauf die Schönecker ihre Vorrechte erhalten.

Das Städtlein inmitten des Waldes sollte sich schon entwickeln, aber nicht mehr als 125 Feuerstellen haben. Diese Beschränkung, ihre Lage in der unwirtlichen Gegend, abseits großer Handelsstraßen und die Weltabgeschiedenheit, waren von vornherein keine guten Voraussetzungen für eine rasche und blühende Entwicklung. Lediglich der Wald bot den Bewohnern Broterwerb. Sie brannten Kohle, Ruß, sotten Pech und fällten Bäume. So kann der bereits erwähnte Chronist Marbach lediglich berichten „von hölzernen Hütten, die am Berg kleben, wie Vogelnester unter einem Dach."

Dem Städtchen blieb kein Kummer erspart: Die Hussiten fielen darüber her, und der Dreißigjährige Krieg verschonte es nicht. Und dann waren es die großen Stadtbrände von 1632, 1680, 1761 und 1865. Jedesmal gingen die

Bei den Instrumentenbauern in Erlbach

mit viel Holz erbauten Häuser wie Zunder in die Luft. Die Flammen hatten leichtes Spiel, ums Versehen die Bewohner einer Stadt zu Obdachlosen zu machen.

Nach dem letzten Brand bauten die Schönecker ihre Häuser aus Back- und Bruchsteinen, freilich wieder eng aneinander und manche so an den Berg, daß man meinen könnte, ein Haus hucke das andere auf.
Einige Belebung kam in das Städtchen, als sich 1865 eine Leipziger Zigarrenfirma ansiedelte. Und hätte die Stadt nicht zehn Jahre später einen Eisenbahnanschluß erhalten, wäre es vielleicht bei diesem einzigen Unternehmen geblieben. Denn was die Handweber, die es hier auch gab, erwirtschafteten, war nicht der Rede wert. So aber kam von Markneukirchen, Erlbach und Zwota herüber der Musikinstrumentenbau. In Schöneck wurde es rege, als nun in den Häusern Flöten, Klarinetten und Gitarren gebaut wurden, später dann auch komplizierte Musikelektronik. Übrigens, 1935 gab es noch acht kleine Zigarrenfabriken. Und manch hoher Herr in Berlin, Hamburg oder sonstwo paffte den blauen Rauch seiner Zigarre von sich, gewickelt von Fabrik- oder Heimarbeitern droben in der höchstgelegenen Stadt des Vogtlandes.
Durch die Eisenbahn wurde Schöneck für den Wintersport erschlossen. Und bald kamen die Urlauber auch in der Sommerzeit. Was einstmals als Makel gelten konnte, wurde nun zum Trumpf: die ruhige Lage inmitten des Waldes, die frische Luft und die Sicherheit an Schnee.
Nachdem Schöneck längst ein „staatlich anerkannter Ferienort" war, baute der Gewerkschaftsbund der ehemaligen DDR 1986 eines seiner großen Ferienheime an den Ortsrand, ein Haus mit 1000 Betten, heute ein Standbein im Fremdenverkehr.

*

Inmitten der Stadt überragt die Häuserdächer ein Grauwackenquarzitfelsen, der Alte Söll. Der Name wird abgeleitet von „Söller", was soviel heißt wie „besonnter Platz". Eingebettet zwischen dem Rathaus mit dem Zwiebeltürmchen zwischen den Seitenflügeln und dem nadelspitzen Kirchturm, weltliche und geistliche Macht verkörpernd, ist er Schönecks Vorzeigestück. Wer auf ihn hinaufsteigt, um von der Plattform aus in die Ferne zu schauen, weiß sich genau 734 Meter über dem Meeresspiegel. In der Umgebung gibt es höhere Standorte, wie zum Beispiel die Hohe Reuth mit 776 Meter Höhenlage. Jedoch kann keiner mit dem idealen Rundblick vom Hohen Söll aus konkurrieren. 2000 Quadratkilometer soll man einsehen können. Bedingung dafür freilich ist, einen der wenigen Tage im Jahr zu erwischen, an denen das Wetter eine solche Fernsicht erlaubt. Es gibt Jahre, da ist das so selten wie ein Gewinn im Zahlenlotto. Zum Trost sei aber gesagt, auch bei normalem Wetter ist die Aussicht großartig. Von der Felsenkuppe sind weite Teile des Vogtlandes auszumachen. Im Süden das Elstergebirge, im Westen geht der

*Schöneck ist schneesicher und bietet in seiner Umgebung dem Skiläufer
ideales Gelände*

Blick bis hin zum Fichtelgebirge und im Nordwesten zum Thüringer Wald. Auf dem Felsen, man kann es im Anblick der kleinen Plattform kaum glauben, stand jene Burg, von der die Stadt ihren Namen hat. Sie war die Herrschaft von fünf Rodedörfern und der Siedlung unmittelbar am Felsen. Heute nimmt man an, daß sie das Glied einer Burgenkette war, die vom Hausberg bei Graslitz im benachbarten Böhmen über das Klausenbachschloß, Schöneck weiter nach Falkenstein und Auerbach reichte.

Verfallene mittelalterliche Wehranlagen haben für uns Heutige immer etwas Geheimnisvolles. Nicht, daß man hofft, Schätze zu entdecken, Truhen gefüllt mit Gold und Silber, so kann aber doch jeder Hufnagel, jede Kleiderschnalle und jedes Lederfetzchen ein wenig Romantik herzaubern. Denn immer wird dann die Frage wach: Wer mögen einmal ihre Besitzer oder Träger gewesen sein? Wann und wie mögen sie gelebt haben? Was mögen sie getan und gedacht haben?

Als Ortsbewohner Mitte der achtziger Jahre die Treppe am Felsen reparierten, waren sie über Keramikreste glücklich, die aus dem 13. Jahrhundert oder früherer Zeit stammten und der Pingsdorfer Art angehören. Weitere Mauerreste kamen zum Vorschein und ein Keller.

Am Westzipfel des Stadtparkes steht einer der ehrwürdigen Griebenherde und erinnert an das alte vogtländische Waldgewerbe des Pechsiedens. Denn noch Mitte des vorigen Jahrhunderts wurden in den Schönecker Wäldern jährlich 200 Tonnen Pech gewonnen.

*

Schöneck hat ganz in der Nähe ideales Skigelände. Am beliebtesten bei den Wintersportlern ist das an der Hohen Reuth und nahe dem Herrenteich. Ein 650 Meter langer Skilift schleppt alle die hangaufwärts, die kühne Schußfahrten lieben. In der Nähe des Stadtparkes können sie auch einen beleuchteten Hang befahren. Und wer den Skiern den Rodelschlitten vorzieht, tut sich auf einer dafür eingerichteten Rodelbahn aus. Genügend Wintersportler gibt es, denen das Wandern auf Skiern mehr Freude macht als die Schuß- oder Slalomfahrt zu Tale. Sie trifft man unterwegs auf ihren Brettern hinüber zum Schneckenstein, nach Klingenthal oder über die Höhe hinweg zur Muldenberger Talsperre.

„Nooch der Wende war bei uns mit de Fremme nimmer viel lus", sagte uns ein Einheimischer. Und nachdem er seine Tabakspfeife in Brand gesteckt hatte, setzte er auf sie hinweisend hinzu: „Früher habn mer Zigarrnofall geraacht . . .", dann aber wieder zum Thema kommend: „Is werd schu wieder. Waar aamol in Italien un Griechenland war, möcht derwaagn aah Schöneck kennelarne . . ."

Eng an den Wald gerückt stehen die Häuser am Aschberg nahe von Klingenthal

Walddörfer am Schneckenstein

In der Nähe von Schöneck gibt es weite Moorflächen. Moore gelten als vorzügliche Quellbildner, weil sie sich wie ein Schwamm voller Wasser saugen können. Aus den Wäldern der Schönecker Hochfläche kommen die Wasser der späteren Zwickauer Mulde, aufgesparte Schneeschmelzen und Sommerregen, vom Moor gesammelt und über das ganze Jahr hinweg verteilt abgegeben. Breit ausladend und moorig ist die Talsenke bei Kottenheide, in der sich die Wässerlein zur Weißen Mulde sammeln. Vom oberen Muldenteich kommen sie zum niederen herab. Aus den Wäldern wandert von Südwesten die Rote Mulde herzu. Beides sind keine Riesen, doch wasserreich genug, die große Schüssel, die Muldenberger Talsperre, zu füllen.

Von Nadelwäldern umrahmt, wie ein riesiges blankes Auge, blinkert die Wasserfläche in der Nachmittagssonne. Ein paar Wildenten schnattern am Wasserrand. Erschrocken schwirren sie in die Luft, als von der Klingenthaler Straße her Autolärm, ein fremdes Geräusch, herandringt.

Mitten hinein in dieses Waldleben bauten in den Jahren von 1920 bis 1925 in Notstandsarbeit 1200 Männer, 600 davon waren vorher arbeitslos, die Mauer zu einer Talsperre, 476 Meter lang und 26,5 Meter hoch. Die Wasserfläche nimmt fast einen Quadratkilometer ein.

Die Mauer in 714 Meter Höhenlage staut rund 6 Millionen Kubikmeter klares Waldwasser und schützt darüber hinaus niedriger liegendes Land vor dem Hochwasser. Von der Talsperre erhalten die Siedlungen des Göltzschtales und rund um den Schneckenstein ihr Trinkwasser.

Hat der Überlauf die Sperrmauer hinter sich, denn nicht alles fließt durch die Rohrleitungen in die Gemeinden, geht's über rundgeschliffene Steine dem Nordosten entgegen. Die schönsten davon suchten sich früher die Leute der Gebirgsdörfer aus, um sie, in der Ofenröhre erhitzt, in ein Tuch gebunden, als Wärmespender zu verwenden. Das half gegen kalte Füße im Bett und ersparte Wärmflasche und Heizkissen.

Das Dorf Muldenberg, unmittelbar an der Talsperre gelegen, ist eine Spätsiedlung, also angelegt, als andere Dörfer in der Gegend längst gegründet waren. Erstmals wird sie offiziell 1791 erwähnt. Jedoch waren bereits 1789 „unter der Mulde", oder wie es auch heißt, „auf dem Mulda Berg", drei Häuser vorhanden. In einem Beleg aus dem Jahre 1833 wird dem hinzugefügt, „ein 1792 begründetes Walddörfchen".

Es ist anzunehmen, daß viel früher Leute in dieser Waldeinsamkeit wohnten. Die ersten mögen schon im 16. Jahrhundert ansässig geworden sein, als man die Floßwege anlegte, um das Holz in niedere Lagen bringen zu können.

*

Das Flößen oder „Holztreiben" galt über Jahrhunderte hinweg als einziges Mittel, Holz über weite Strecken hinweg transportieren zu können. Die schweren Lasten mit Ochsen- oder Pferdegespannen auf dem Landweg zu bewegen, war mühsam, langwierig und oft wegen der fehlenden Wege überhaupt nicht möglich. Die fließenden Wasser hatten den Vorzug, vom Gebirge ins Niederland zu eilen, also in die Richtung, in die das Holz zu befördern war.

In der 2. Hälfte des 16. Jahrhunderts erwarben die sächsischen Kurfürsten große Waldflächen im oberen Vogtland, darunter den Auerbacher und den Ellefelder Wald. Diese Wälder wären bestenfalls Jagdgebiet geblieben, hätte man durch die Flöße nicht Mittel und Wege gefunden, die Holzvorräte zu nutzen. Denn Holz wurde landweit gebraucht als Baustoff, Brennmaterial für die Haushaltungen in den Städten. Bergbau, Werften, Schmelz- und Hammerwerke, die Glashütten, sie alle verlangten nach Holz.

Konnte auch die Mulde, der natürliche Wasserlauf von der Schönecker Hochfläche, den Anfängen der Holzflößerei gerecht werden, so kam bald die Elster hinzu. Als beide Flüsse den steigenden Holzeinschlag nicht mehr bewältigen konnten, ging man dazu über, künstliche Floßwege anzulegen.

Unter heutigen Bedingungen einen solchen Graben anzulegen, dessen Wasser unablässig und gleichmäßig fließt und Hindernisse so umgeht, daß sich kein Holz anstauen kann, dürfte problemlos sein. Für die Baumeister der damaligen Zeit war eine solche Grabenführung ohne optische Vermessungsgeräte, Maschinen und technische Geräte eine Meisterleistung und verdient unsere Hochachtung.

Um 1580 entstand der erste künstliche Wasserweg im Waldland am Schneckenstein, der Obere Floßgraben oder Riß, der die Mulde über die Rißbrücke hinweg mit der Weißen Göltzsch verband, die bei Greiz in die Elster mündet, und damit die Fortsetzung findet. Dem Oberen kam 1598 der Untere Graben hinzu, auch „Neugraben" oder „Ellefelder Riß" genannt.

Floßgräben müssen nicht nur gleichmäßiges Gefälle haben, sondern auch möglichst das ganze Jahr über ausreichend Wasser. Das ist besonders wichtig in der regenarmen Sommerzeit. Um es bei der Holzflöße am Schneckenstein zu sichern, wurden Teiche als Wasserspeicher angelegt, Vorräte für die trockene Jahreszeit. So entstanden der Rote und der Weiße Teich, der Neuteich, der später in der Talsperre aufging, und der Sauteich, der mit dem Saubach zusammenhing.

Die Flöße wurde später durch den „Hölzernen Sack" erweitert, der Floßgraben und Mulde verband und den Gahlen- oder Gehlenbach, dem der Weiberteich das Wasser sicherte. 1610/11 kam schließlich noch der Silberteich hinzu, der das Flößen auf dem Silberbach ermöglichte.

Die dadurch zu einem ganzen System angewachsene Anlage konnte über die Jahrhunderte hinweg den gesamten Holztransport aus den obervogtlän-

Blumenreich sind die Wiesen, sobald der Sommer ins Vogtland einzieht

dischen Wäldern sichern. Immerhin wurde im Göltzschgraben das Holz bis zum Salzwerk Poserna im Amte Weißenfels gebracht, nach Halle und Leipzig.

Mit dem Bau der Eisenbahn im Jahre 1875 erwuchsen neue Möglichkeiten des Holztransportes und lösten die gute alte Flöße ab. Danach wurde der Silber- und der Weiberteich abgelassen und bepflanzt.

*

Hammerbrücke liegt, von Wald umgeben, in einer moorigen Talsenke. Die Häuser verteilen sich weithin, daß die Bewohner der Nachbargemeinden foppen, der Teufel habe die Häuser im Galopp verloren und danach vergessen, sie wieder einzusammeln.

Vielleicht wäre das Dorf überhaupt nicht, oder zu einem anderen Zeitpunkt, entstanden, hätte der Floßgraben nicht Anlaß dazu gegeben. Als 1598 der Untere Floßgraben entstand, war Peter Fischers 1595 angelegte Frischhütte „Muldenhammer" ein Jahr zuvor niedergebrannt. Seine ab 1606 betriebene Schneide- und Mahlmühle, „das Hammergut an der Brücke", gab dem späteren Ort seinen Namen.

Angesteckt von Erfolgen an anderweitigen Stellen im Gebirge kam es auch in der Umgebung von Hammerbrücke zum Bergbau. Einigermaßen ertragreich an Zinnstein und Silbererz war die Zeche „Frisch Glück" an der Breiten Heide des Georgengrüner Forstreviers. Als man 1787 wieder einmal auf Silbererz stieß, belebte sich der inzwischen fast eingegangene Bergbau wieder. Das sollte aber nur von kurzer Dauer sein. Denn 1795 war er nach einer Anzahl von Mißerfolgen wieder auflässig. Auch dem Communal- und Tranksteuerstollen der Stadt Falkenstein blieb das Finderglück auf Zinnerz versagt.

Zuwachs erhielt die Siedlung vor allem zwischen 1786 und 1796. Aus einem Dutzend von Häusern wurde eine Streusiedlung, die 1792 erstmals mit Hammerbrücke bezeichnet wurde. Die zu den Rittergütern derer von Trützschler auf Falkenstein und Oberlauterbach gehörenden Dörfer wurden 1839 selbständige Gemeinden, Hammerbrücke und Friedrichsgrün, die dann 1936 unter Hammerbrücke zusammengeschlossen wurden.

Westlich des Hauptortes liegt der Ortsteil Rißbrücke. Dort gab es schon 1833 die „Häuser an der Rißbrücke". Dicht dabei liegen die Rißfälle, der einzige Wasserfall des Vogtlandes. Der Riß hat dort ein tief in die Felsen eingesprengtes Bett des Oberen Floßgrabens.

*

Straßenbenutzer, die von Schönheide aus nach Klingenthal wollen, berühren nur jene Häuser der Gemeinde Tannenbergsthal, die dicht an der Kleinen Pyra bleiben. Der größere Teil des Ortes breitet sich westlich der Straße aus, fast halbkreisförmig um die Kirche. Mitten durch das Dorf führt das Straßenband, das Tannenbergsthal mit Hammerbrücke verbindet. Von ihr hat man übri-

Typisches Holzhaus in Klingenthal

gens, bevor man in den Wald eintritt, einen schönen Blick auf die gesamte Siedlung.

Tannenbergsthal ist von bewaldeten Höhen eingerahmt. Der Thierberg im Nordwesten ist 786 Meter hoch, und der im Südwesten liegende Runde Hübel sogar 838 Meter.

Als im Jahre 1537 der Ort erstmals erwähnt wurde, hieß es: „. . . am Tannenberg auf der Trutschler guter liegen viel gewonnener zwitter". So mögen es vor allem Bergleute gewesen sein, die sich hier ansässig machten. Denn verbrieft sind die 1566 von der Familie Trützschler betriebenen Bergwerke auf Zinnerz. Und da beim Abbau Eisenstein dazugekommen war, entstand 1550 das erste Hammerwerk des Vogtlandes. Über Jahrhunderte pochte es im sonst stillen Pyratal. Erst 1810 wurde der Hochofen abgeblasen, nachdem der Bergbau ertraglos blieb.

Noch heute sind am oberen Ortsausgang Zeugen des alten Bergbaus zu sehen, so gegenüber dem Herrenhaus, einem stattlichen Gebäude mit barocken Elementen. Dort aber, wo einstmals das Hammerwerk stand, entwickelte sich später eine Kunstlederfabrik. So blieb von dem einstigen so gewichtigen Pyrahammer kaum mehr als eine Nachricht in der Ortschronik.

Oberhalb des Herrenhauses führt eine Straße zunächst dem Bodabach entlang, dann aber nach steilem Knick hinauf zum Schneckenstein.

*

Als Wissenschaftler im Jahre 1972 damit begannen, die Naturdenkmale des sächsischen Landes zu erfassen, kamen sie beim Abschluß, der Jahre später lag, auf mehr als 500. Das waren natürlich entstandene Felsen, Hänge, Höhlen, ungewöhnliche Verwitterungsformen, auch vom Menschen geschaffene künstliche Aufschlüsse, die dort entstanden, wo Roh- und Baustoffe abgebaut wurden.

Als ausgesprochene Rarität gehört auch der Topasfelsen Schneckenstein dazu, zwischen Muldenberg, Hammerbrücke und Tannenbergsthal gelegen. In einer Höhe von 890 Metern ist er wohl der berühmteste Felsen des Vogtlandes. Selbst ist die Felsklippe 24 Meter hoch. Der Härtling besteht aus tektonisch zertrümmertem Schiefergestein, das mit Quarz und Topas zu einem widerstandsfähigen Felsen zusammengeschweißt wurde. Die mineralogische Zusammensetzung ist einmalig in Europa. Nur noch einmal kommt ein solcher Felsen in Mount Bischoff in Tasmanien vor.

Obwohl im 17. Jahrhundert ganz in seiner Nähe Bergbau betrieben wurde, beachtete niemand diesen Felsen. Erst im nächsten Jahrhundert rückt der Schneckenstein in das Blickfeld. Der Tuchmachermeister Christian Krauth aus Auerbach soll dort schon 1727 heimlich Topase gesucht, gebrochen und geschliffen als „Schneckensteine" oder „Königssteine" ins Ausland gebracht haben. Aus Furcht, dabei entdeckt und bestraft zu werden, meldete er schließlich das Vorkommen dem sächsischen Kurfürsten. Der kaufte kurzerhand das Gelände dem Freiherrn von Trützschler ab und ließ 1737 mit dem bergmännischen Abbau beginnen. An dieser Übertagezeche „Königs Krone" mit ihren 128 Anteilen waren Bürger aus verschiedenen Orten beteiligt, auch Krauth besaß welche.

Die Zeche war belegt mit einem Obersteiger, einem Untersteiger, vier Arbeitern und einem Jungen. Die gefundenen Topase waren durchsichtig, von leicht weingelber Farbe und bis zweieinhalb Zentimeter lang. In einem Quartal des Jahres 1738 wurden 35 Kilogramm geborgen. Zwischen 1767 und 1772 brachten die gewonnenen Halbedelsteine einen Erlös von 1685 Taler. Die Ausbringung ging aber bald zurück. 1771 arbeitete nur noch ein Steiger und ein Häuer auf der Grube. Ende des 18. Jahrhundert wurde das Bergwerk geschlossen. Topase vom Schneckenstein wurden geschliffen als Ring-, Schnallen- und Hemdknopfsteine verwendet. Unter den Schätzen des Grünen Gewölbes in Dresden befinden sich Topase vom Schneckenstein. Die englische Königskrone ist mit 485 Schneckenstein-Topasen besetzt.

Der Felsen ist durch einen tiefen Spalt in zwei Teile gerissen. Einer der sächsischen Kurfürsten ließ eine Treppe in den Stein hauen, damit man von der oberen Plattform aus in die Ferne schauen kann. Noch heute gilt der Schneckenstein als beliebtes Ausflugsziel. Touristen lassen es sich nicht nehmen, die Rarität zu besehen, für Schulklassen ist der Schneckenstein ein Ziel zum Wandertag.

*Der Topasfelsen Schneckenstein gehört zu den interessantesten Naturdenk-
malen des Vogtlandes*

114

Von Harzern, Rußbrennern und Pichern

Pech und Ruß hatten schon in der Vergangenheit ihre Bedeutung. Um beides gewinnen zu können, war Baumharz erforderlich. Heute wird es aus Amerika importiert oder durch chemische Produkte ersetzt. So zählt zu den ältesten vogtländischen Waldgewerben die Harznutzung, in der älteren Literatur „Harzwaydt" genannt.

Die Harzer oder Picher, die diesem Gewerbe nachgingen, gewannen vor allem das Harz der Fichte, obwohl sie nur 1–2 % an Harz erbrachte, gegenüber der Kiefer mit 3–8 %. Sie arbeiteten als Eigenlehner oder in Gesellschaften, auch Gewerkschaften genannt. In ihnen machten gewöhnlich 8 Anteile den Gesamtbetrieb aus. Im Jahre 1813, kurz bevor man das Harzen in den sächsischen Wäldern einstellte, gab es noch 13 dieser Gesellschaften. Eigenlehnern wie Zusammenschlüssen wurde ein bestimmtes Waldstück für die Nutzung freigegeben, das „Harzrevier", und als Lehen übertragen. Der letzte Lehnsbrief auf eine solche Harzweide wurde am 31. August 1741 ausgestellt. Von „Pechlehnern" ist schon in der „Holzordnung" von 1560 die Rede, die Kurfürst August (1526–1586) zum Schutz seiner Waldungen auferlegte. Der Harzer hatte nach einem genau festgelegten Maß, 10 Zoll übers Kreuz, die Bäume anzuzapfen.

Das aus den „Wänden" allmählich austretende Harz wurde erstmals nach einem Jahr mit dem Harzkratzer ausgeschabt. Nicht jedes Jahr gab es eine gute Harzweide. Waren die Sommer naß und kalt, wurde aus dem Harz „nichts als sich selbst verzehrender abbröckelnder Grünspan". Unter günstigen Umständen konnten jedoch bis zu 200 Zentner Harz je Hektar gewonnen werden. Hinzusetzen muß man allerdings, daß ein „gerissener Wald" nur noch minderwertiges Holz lieferte. Seine Bäume werden rotfaul und müssen in den nächsten 2 bis 3 Jahren gefällt werden.

Das gesammelte Harz wurde in den im Walde stehenden Pechhütten zusammengetragen und von da aus auf Pferdewagen der Pechsiederei zugeführt, die es weiterverarbeitete.

Forstbeamte und besonders bestallte Harzsteiger überwachten die ordnungsgemäße Durchführung des Harzens und pirschten den Harzdieben nach, die in Banden von 20 bis 30 Mann aus Böhmen kamen, um das Harz aus den Pechhütten oder von den Bäumen zu stehlen. Nicht selten mußte man gegen sie bewaffnete Trupps aufbieten.

In Sorge um die Erhaltung des sächsischen Waldbestandes wurde durch ein königliches Dekret vom 23. November 1819 das Harzen von Bäumen in den Staatswaldungen verboten. Verständlicherweise wehrten sich die Picher gegen diese Maßnahme. In ihrer Eingabe an den sächsischen König heißt es: Die Schädlichkeit des Harzens sei nicht erwiesen, „unserm aller unmaßgeblichsten Dafürhalten nach ist es entschieden, daß die Fichte einen Überschuß an Säften hat; sie befreit sich sonst durch Ausschwitzen in einer Periode, wo der Baum sozusagen seine Mannbarkeit erlangt hat." Nur um diesen „Überfluß" vorteilhaft und haushälterisch zu sammeln, werde geharzt. Das hörte sich ganz so an, als sei das Harzen geradezu eine Wohltat für den Wald. Daß sich der König auf diese Darlegung nicht einließ, läßt sich denken. Wenige Jahre zuvor, 1816, war in Tharandt die „Königliche Sächsische Forstakademie" gegründet worden. Damit setzte eine wissenschaftlich fundierte Waldwirtschaft ein. Ihr Hauptanliegen war die Gesundung des sächsischen Waldes.

*

Früher war Ruß ein begehrter Grundstoff für die Herstellung schwarzer Farbe, der Tusche und Druckerschwärze. Ledergerber benötigten ihn ebenso wie die Verfertiger von Wachstuch. Auch in den Haushalten wurde Ruß gebraucht, besonders für Schuh- und Ofenwichse, mit Fischtran oder Pferdefett vermengt für Stiefelschmiere.

Neben „Edelruß", den man in besonderen Rußhütten herstellte und zu Farbzwecken verwendete, gewann man auch gewöhnlichen Ofenruß für Schuh- und Ofenwichse. Das geschah in der Weise, daß der umherziehende Rußverkäufer seine mitgebrachten leeren Behältnisse beim Bauern füllte, indem er ihm den Ofen ausputzte.

Der Rußhandel hatte noch im Jahresbericht der Handels- und Gewerbekammer Plauen von 1879 seinen Platz. In Wildenau bestanden zwei Rußhütten, die eine bis 1896, die andere bis 1901. Noch 1910 sollen zwei aufgelassene Rußhütten zwischen Rodewisch und Rothenkirchen existiert haben. Andere Rußhütten gab es im östlichen Vogtland, auf alle Fälle in Wildenau, Rothenkirchen, Schöneck und Klingenthal.

Rußhütten waren kleine, fensterlose Gebäude. In solch einer Rußhütte stand gewöhnlich ein aus Steinen und Lehm errichteter bis 2 Meter breiter und 5 Meter langer Brennofen, gebaut von wandernden Rußofenbauern, die sie auch in gewissen Abständen reparierten. Im Rußofen wurde meist Kienholz verschwelt, Holz, das man bereits im Wald auf Harz genutzt hatte oder harzige Reste der Pechsiederei. Dabei durfte bei der Verbrennung gerade so viel Luft (Sauerstoff) hinzutreten, um eine schwache, rötliche, stark rußende Flamme zu erzeugen. Der dabei entstehende Rauch zog langsam aus dem Ofen in die anschließende Rußkammer. Hier stand ein hohes, mit Sackleinen bespanntes Holzgerüst, in dem sich der Ruß verfing. Regelmäßig wurde es abgeklopft und der Ruß gesammelt. Da man immer wieder neues Material zufügte, dauerte ein solcher Schwelvorgang gewöhnlich mehrere Tage.

Die Rußhütten standen an Feldwegen, abseits der Straßen. Ihre Besitzer waren häufig Bauern oder Gastwirte. Schon von weither waren die Hütten an den über Sommer hinweg gesammelten Holzvorräten zu erkennen, die hoch

aufgestapelt waren. Denn Rußbrennen war Saisonarbeit über das Winter-
halbjahr hinweg.

Nachdem genügend Ruß gesammelt war, füllte man ihn in kleine, langgezo-
gene Fäßchen, die Rußbutten. Sie bestanden aus sechs Fichtenspänen, mit
Metall- oder Holzringen zusammengehalten. Die Zwischenräume und Stirn-
seiten waren mit Kuhdreck (Rinderdung) verschmiert. Die Rußbutten gab es
in zwei Größen, und als kleines Gebinde die „Täschchen". Für Großabneh-
mer wurde Ruß in Körben geliefert.

„Rußmänner" luden die Rußbutten auf ein Huckreff, oft bis über den Kopf hinauf gestapelt und um einen halben Zentner wiegend, oder sie verstauten ihre Ware auf einem Schiebbock. Nur besserstehende Rußmänner verfügten
über ein Hundegespann. Die Rußbuttenmänner zogen in die Welt, um den
Ruß hausierend an den Mann zu bringen. Rückzu führten sie in der Ferne ge-
kaufte Ware mit, wie Meerrettich aus dem Spreewald oder Grassamen aus
dem Niederland. Und so heißt es in einem alten vogtländischen Runda:

> Mei Voter hot gesoggt,
> ich söll mich net su plogn,
> söll's Häusel verkaafen,
> söll Rußbutten trogn.

Derartige Zeugnisse blieben vom alten Waldgewerbe, dem Rußbrennen,
übrig. Da und dort auch ein Flurname, wie „Rußbutte", „Rußleithe" oder
„Rußbuttensteig".

Neue industrielle Techniken sind an die Stelle des alten Rußbrennens getre-
ten, wie die Verfahren zur Herstellung von Azetylenspalt-, Gaskanal- oder
Furnace-Ruß. Denn ohne Ruß kommt auch die heutige Industrie nicht aus.
Ruß wird bei der Gummiherstellung verwendet, bis zu 20 % als Füllstoff für
Autoreifen. Die Kunststoffherstellung braucht Ruß, die Lack- und Farbenin-
dustrie, die Herstellung von Fotoschutzpapieren und das polygraphische
Gewerbe. Denn die schönste Zeitung wäre nichts, höbe sich die Schrift nicht
rußschwarz vom weißen Untergrund ab.

*

„Pechwälder" werden die Waldbestände zwischen Crottendorf, Grünhain
und dem Obervogtland genannt. Schon 1450 ist die Pechgewerkschaft von
Bockau bekannt und die Meuselgesellschaft von Auerbach. Pech wurde
beim Schiffsbau benötigt, in Brauhäusern, von Schuhmachern und Sattlern.
Mit Leinöl vermengt, ergab es eine gute Wagenschmiere. Für die Apotheker
bildete es die Grundlage zu Pflastern und Salben.

An das alte bodenständige Gewerbe, mit seiner Blütezeit zwischen dem 15.
und 19. Jahrhundert, erinnern zahlreiche Zeugen, die Pechsteine, Pechpfannen oder Griebenherde. Wegen ihres kulturhistorischen Wertes sind sie alle
denkmalgeschützt. Im oberen Vogtland gibt es wenigstens noch 70 davon.

Unverwechselbar prägen die Türme das Gesicht der Vogtlandstadt Auerbach

118

Ihrem ursprünglichen Standort nach sind sie an Waldrändern, nahe der Bauernhäuser oder bei ehemaligen Pechhütten zu finden. Denn Pechgewinnung war meistens eine Nebenbeschäftigung der Häusler und Kleinbauern. Inzwischen wurden aber viele dieser Griebenherde versetzt und stehen heute vor Museen oder in Parkanlagen, wie in Falkenstein oder Auerbach.

Der Griebenherd ist ein quadratisch zugehauener Granit-, seltener Schieferstein mit einer schüsselförmig ausgemeißelten Vertiefung auf der Oberseite. An der tiefsten Stelle der Schüssel befindet sich ein Ausflußloch. Unter ihm ist ein Hohlraum, um das Auffanggefäß unterstellen zu können. In diese steinerne Schüssel baut der Picher harzhaltiges Kiefernholz oder Harzgallen zu einem meilerförmigen Stapel mit einem Quendelholz in der Mitte. Dann deckte er das Holz mit Rasenerde ab. Nachdem das Quendelholz gezogen war, wurde das Holz des Innenraumes entzündet und zum Schwelen gebracht. Je nach Farbe und Geruch des Rauches regelte der Picher den Schwelvorgang. Nach einer gewissen Zeit floß goldgelbes Pech durch das Bodenloch in das darunterstehende Sammelgefäß.

Die zweite, wichtigere Art der Pechgewinnung erfolgte in der Pechhütte. Dahin lieferten die Harzer das in den Wäldern gewonnene Scharrharz. Die Pechhütte, gewöhnlich eine Bretterbude mit hohem Schornstein, beherbergte neben einer Holzpritsche für den Picher im Mittelpunkt einen großen Kupferkessel, in den das Harz gefüllt wurde. Durch ein darunter geschürtes Holzfeuer wurde es verflüssigt. Damit es nicht anbrennen konnte, mußte der Picher die siedende Masse ständig umrühren. Nach langem Kochen wurde das Pech mit einem Löffel abgeschöpft und in vorbereitete Holzformen gefüllt, wo es erstarrte. Die Verunreinigungen, wie Rindenstücke, Flechten, Holzteilchen, die sich im Scharrharz befanden, waren zu Boden gesunken und bildeten den „Satz". Ihn entfernte der Picher zuletzt. Er war ein dampfender dicker Brei. Den goß er durch ein Sieb. Das war ein Kasten, dessen Boden aus Holzstäben und Stroh bestand. Die so ausgesonderten Verunreinigungen, die „Grieben" (daher der Name „Griebenherd") wurden in den vor der Pechhütte stehenden Griebenherd gefüllt und angezündet. Nach und nach floß durch das Bodenloch das restliche Pech in das darunter stehende Gefäß.

Pech wurde offiziell wie jede große Ware gehandelt. Bis Mitte des vorigen Jahrhunderts galt Auerbach als „Pechstadt". Hier hatten die meisten Pechgenossenschaften ihren Sitz wie auch die staatliche Pechniederlassung. Bereits im 17. Jahrhundert gab es hier 6 solcher Gewerkschaften und 32 Pechhütten.

Das angelieferte Material wurde je nach Herstellung und Reinheitsgrad als klares Fichten- oder Kiefernpech, als Schaumpech, Schwarzpech oder Wagenschmierpech unterschieden. Es wurde zunächst in Pechkellern untergebracht und von Zeit zu Zeit durch „Pechauktionen" den Käufern angeboten.

So heißt es z. B. im „Amtsblatt" vom 9. Dezember 1882, daß die Oberforstmeistereien Eibenstock und Auerbach den Verkauf von 228 Ctr. 55 Pfd. Kesselpech und 39 Ctr. 60 Pfd. Griebenpech auf dem Submissionswege anbieten.

Obwohl Pecherzeugung und Pechhandel um die Jahrhundertwende eingingen, wurde in Gunzen bis zum 30. April 1938 noch Pech gewonnen. Dazu dienten außer 4 Pechpfannen eine Pechhütte, die neben dem heutigen Gasthof stand. Lediglich in Eich wird die seit 1795 betriebene Pechsiederei noch heute durch einen Chemiebetrieb aufrechterhalten. Pech wird dort in 70 speziellen Sorten zubereitet, darunter das Optikerpech mit dem höchsten Reinheitsgrad. 100 kg dürfen höchstens 1 g andere Bestandteile enthalten.

Wenn man heute auch Pech durch chemische Erzeugnisse, besonders durch Kunstharz, ersetzen kann, so wird man auf das aus natürlich gewonnenen Rohstoffen nicht völlig verzichten können.

„Auch sonst hat Rodewisch ‚seine Gegenwart'. Da gibt es die 1967 erbaute, inzwischen international bekannte Schulsternwarte ..."

120

Rund um die Rodewischer Schloßinsel

„Ruewisch" sagen die Vogtländer in ihrer Mundart, wenn sie Rodewisch meinen. Gegenüber dem altehrwürdigen Auerbach und Falkenstein ist Rodewisch als Stadt vom Alter her ein Säugling. Schlendert man durch die Straßen der Innenstadt des kaum 10 000 Einwohner zählenden Ortes, will man es gerne glauben. Hier ist mehr Neuzeit vorhanden als Vergangenheit. Vergeblich sucht man nach alten Portalen, Mauern, Stadtzeugen einstiger Tage. Man sieht es den Häusern an, daß sie kaum älter als unser Jahrhundert sind. Nimmt man dazu den Verkehr, der sich hier auf der Gabel zweier Bundesstraßen bewegt, könnte man meinen, im Vorort einer großen Stadt zu sein.

Auch sonst hat Rodewisch „seine Gegenwart". Da gibt es die 1967 erbaute, inzwischen international bekannte Schulsternwarte, die sich vor allem durch die Satelliten-Beobachtung einen Namen machte. Sicherlich gehört auch dazu das über die engeren Grenzen bekannte Fachkrankenhaus für Psychiatrie und Neurologie.

Bereits 1856 wurden die drei Gutsbezirke Obergöltzsch, Untergöltzsch, Niederauerbach und das Dorf Rodewisch ein Marktflecken. Jedoch erst in den Maitagen des Jahres 1924, als man die Gutsbezirke mit dem großen ehemaligen Waldhufendorf zusammenschloß, entstand der neue Ort Rodewisch, dem Stadtrecht verliehen wurde.

Rodewisch breitet sich in den Tälern der Göltzsch und des Wernesbaches aus. Die umliegenden Höhen überschreiten stellenweise die 700-Meter-Marke, am weitesten der Kuhberg mit 795 und der Laubberg mit 767 Metern. Die Stadtmitte selbst liegt gegen 450 Meter über dem Meeresspiegel.

Der Wernesbach, der vom Erzgebirge her über das Bierbrauerdorf Wernesgrün herabfließt, war von jeher die Schnur, an die sich die Häuser des ehemaligen Bauerndorfes Rodewisch fädelten. Ihm gesellte sich ein Fahrweg dazu. Hangaufwärts zogen sich die Felder und Wiesen bis zum fernen Wald. Anders die Gutsbezirke Obergöltzsch, Untergöltzsch und Niederauerbach: Sie streckten sich im Göltzschtal aus.

Die Siedler, die sich am Bach und in der versumpften Talaue niederließen, kamen bereits im 12. Jahrhundert aus Mainfranken. Wenn von Ansiedlungen auch erst 1411 in Urkunden unter „Radewisch" und 1450 als „Golczschs" berichtet wird.

Wo sich Göltzsch und Pöltzsch treffen, entstand aus einem mit Wassergraben und Wall umgebenen Wohnsitz ein „festes Haus". Im Verlauf der Zeit kamen Wirtschaftsbauten hinzu. Und im 16. Jahrhundert stand neben einer stattlichen Wasserburg eine ausgedehnte Gutsanlage. Nach einer Blütezeit, vor allem unter der Familie von der Planitz, setzte durch häufigen Besitzerwechsel der allmähliche Verfall ein. 1602 wurde dieses Rittergut Göltzsch in die beiden selbständigen Gutsbezirke Obergöltzsch und Untergöltzsch geteilt.

*

Das Rittergut Obergöltzsch nutzte man landwirtschaftlich bis in die zwanziger Jahre unseres Jahrhunderts. Die ältesten Bauteile stammten aus dem 16. Jahrhundert. Urkunden aus dem 13. und 15. Jahrhundert, die „daß Vorwergk Inn der Goltzsch mit der behaußung" belegen, veranlaßten zu Nachforschungen. Die zwischen 1937 und 1939 betriebenen planmäßigen Ausgrabungen brachten eine Wehranlage aus der Zeit zwischen 1150 und 1230 hervor, „festes Hus" genannt. Denn den Kern bildeten Wohngebäude von etwa 20 Meter im Quadrat und ein kleiner Burghof. Die Grundmauern des Gebäudes, aus Bruchsteinen gefügt, waren 1,20 Meter dick. Über einen 7 Meter breiten Graben führte eine Zugbrücke. Ein 2 Meter hoher Erdwall schützte das Gebäude, ein zweiter Wassergraben das Vorwerk. Noch vor der Bebauung mußte eine kleine Verteidigungsanlage bestanden haben. Als man den Graben freilegte, kamen zahlreiche Funde zum Vorschein, aus verschiedenen Jahrhunderten stammend, wie Scherben von etwa 2500 Tongefäßen, Werkzeuge, Küchengeräte und Gebrauchsgegenstände.

Das in der Mitte des 17. Jahrhunderts errichtete Herrenhaus des Rittergutes Obergöltzsch wurde 1951 zum Museum. In der 1. Etage werden die Fundgegenstände ausgestellt. Und blickt man von dort durch das Fenster, erkennt man, wie aus einem Flugzeug, die gesicherten Grundmauern, sie wurden etwa 30 Zentimeter hoch aufgesetzt. Im Museum gibt es auch eine Darstellung der Geschichte des Messingwerkes Niederauerbach, der Rodewischer Industrie und des Gesteinsaufbaus der näheren Umgebung.

Geradezu berühmt wurde es jedoch wegen seiner jährlichen Sonderausstellungen in der Weihnachtszeit. Sie ziehen Erwachsene wie Kinder an. Da gibt es Puppenstuben, Kaufmannsläden zu sehen, Leuchter, Moosmänner und Drehtürme, geputzte Weihnachtsbäume, Räuchermänner und Nußknacker.

Eine kleine Menschenansammlung ist immer vor dem von den Museumsmitarbeitern mit Akribie gestalteten Modell einer historischen erzgebirgischen Bergparade zu treffen. Mehr als 200 bis 17 Zentimeter große gedrechselte, beschnitzte und bemalte Berg- und Hüttenleute, in den Trachten des Reglements von 1831 für das Königreich Sachsen, ziehen am Auge vorüber. Die Figuren sind voll beweglich und tragen kleine Flackerlämpchen. Ihre Parade wird von alten aus dem Hintergrund erklingenden Bergmärschen begleitet. Die Musik schwillt an, sobald sich das Bergmusikkorps zeigt, ebbt ab, wenn es zwischen den Häusern verschwindet. Den Hintergrund des Modells bildet eine nachgestaltete Erzgebirgsstadt im Winterkleid. 123 unterschiedliche Figuren säumen die Straße oder belagern die Fensterplätze.

*

„Neben den freigelegten Grundmauern des festen Hauses und des Museums beherbergt die Schloßinsel von Rodewisch das Schlößchen . . .“

123

Neben den freigelegten Grundmauern des festen Hauses und des Museums beherbergt die Schloßinsel das „Schlößchen". Das ist ein im Renaissancestil um 1500 errichteter Profanbau. Den Rodewischern ist das Bauwerk lieb und wert und dient ihnen als Konzert- und Festsaal. Gemeinhin ist es das Wahrzeichen ihres Ortes.

Von 1521 bis 1661 wohnten hier die Edlen von der Planitz. Ritter Hans von der Planitz, einer der frühen Besitzer, zählt zu den Geistesgrößen seiner Zeit. Bereits in jungen Jahren war er Rektor der Universität Bologna. Vor allem im Wechselspiel der weltlichen und geistigen Tendenzen des Reichsregiments zählte sein Einfluß. Er galt als klug, entschlossen und gewandt. Dem Kurfürsten Friedrich diente er bei schwierigen Verhandlungen. Frühzeitig stand er für Luther ein und für den Gedanken der Reformation. Für ihn war es keine Ketzerei, wenn sich Priester verheirateten, Mönche vom Kloster davonliefen oder das Nehmen des Abendmahls in beiderlei Gestalt.

Zuletzt diente das schloßartige Haus als Scheune, bevor Mitarbeiter des Institutes für Denkmalspflege im Jahre 1960 darangingen, es äußerlich nach Befunden und Archivalien zu restaurieren. Der rechteckige Bau hat an der Westseite zwei quadratische über Eck gestellte Erker mit rundem Unterbau. Er trägt einen Turmaufbau. Die Freitreppe wurde mit einem Schmiedegitter versehen, das aus dem Schloß Tiefenau geborgen werden konnte. Im kleinen Festsaal befindet sich die Rarität des Hauses, eine Flaserndecke. Das ist eine durch Profile eingerahmte Kassettendecke, verziert mit Holzschnittdrucken und vergoldeten Schmuckzapfen. Die Holzschnitte haben eine grün/schwarze Farbe und imitieren Holztapete, Intarsie und Holzmaserung. Die Decke wurde beim Abbruch des Schlosses Niderrödern bei Großenhain im Jahre 1948 gerettet. Nach den hier aus der Zeit um 1570 stammenden originalen Resten wurden die Flasern rekonstruiert.

*

Auf dem Boden des selbständigen Gutsbezirkes Niederauerbach errichteten die Auerbacher Herren, die sich mit Vorliebe im Bergbau betätigten, ein Poch- und ein Schmelzwerk, später auch noch einen Hammer. Im Jahre 1595 kaufte ihn der kurfürstliche Floßmeister Peter Ficker. 1603 erlangte er das Privileg, darin ein Messingwerk einzurichten. Der Standort dafür war günstig. Es gab die unentbehrliche Wasserkraft, genügend Holz in den nahen Wäldern für den Schmelzprozeß und in den volkreichen Siedlungen die erforderlichen Arbeitsplätze. Lediglich der Abtransport der Erzeugnisse war mit erheblichen Schwierigkeiten verbunden. So rumpelten dann, wenn in Leipzig Messe war, die schwerbeladenen Planwagen davon, meist mehrere zugleich, um sich unterwegs bei Stiegen durch Vorspann helfen zu können. Auch sonst mochte die Gründung des Werkes ein kluger Entschluß gewesen sein. Denn es sollte 324 Jahre lang Bestand haben. Erst 1924, sich dem Druck der Konkurrenz ergebend, stellte das Werk seinen Betrieb ein.

*Die Kunst, Messing zu machen. Kupferstich aus einem Werk von Daniel Gott-
fried Schreber.*

Über die Zeiten hinweg besaß Niederauerbach das Messingmonopol in
Sachsen, war in der Lage, den Bedarf im Lande zu decken und auch Messing
auszuführen. Das mag weniger am Ausstoß des Werkes gelegen haben, vielmehr daran, weil wenig Messing gebraucht und verarbeitet wurde. Das in
Blechen, Drähten und als Rohware gelieferte Messing diente vor allem Gürt-
lern, Nadelmachern und Metallgießern. Besonders die feinen Nähnadeln
stellte man aus Messing her.
Von dem einstmals berühmten Messingwerk Niederauerbach blieb kaum etwas übrig. Lediglich der Stumpf eines Schornsteins hat sich erhalten und
steht unter Denkmalschutz.

*

Durch die Straßengabel im Zentrum von Rodewisch, gebildet von der Bundesstraße 94, die von Greiz, Reichenbach heranführt und der Bundesstraße
169, die von Aue, Schneeberg kommt, heißt es häufig, dies sei die Drehscheibe zwischen dem Erzgebirge und dem Vogtland. So sehr die Rodewischer auch Vogtländer sind, einen erzgebirgischen Einschlag können sie
nicht verleugnen. Am Ende mag das an dieser „Drehscheibe" liegen.

*Wie in vielen Orten des benachbarten Erzgebirges dreht sich in der Weih-
nachtszeit auch in Rodewisch eine meterhohe Ortspyramide*

126

Zuckermännle, Drehturm und Moosmann

Gleich den Erzgebirgern begehen die Leute im Vogtland mit großer Innigkeit Weihnachten. Es ist nach der Kirmes ihr wichtigstes Fest und wird wochenlang vorbereitet.

Braust der Herbstwind über das Land und verkündet den ersten Schnee, begannen die Bewohner des Vogtlandes zwischen Gunzen und Elsterberg, für den Eigenbedarf oder zum Verkauf bestimmt, Zuckermännle zu backen, kleine Bildgebäcke für den Verzehr oder als Baumbehang gedacht. Das war noch bis vor dem Zweiten Weltkrieg so. Inzwischen hat sich der Brauch allgemein verloren. Nur noch in Werda bei Falkenstein gibt es etwa zehn Familien, die an dieser Tradition festhalten.

Erste Zuckermännle hat Salomi Günnel gebacken, der um 1800 die Werdaer Dorfbäckerei übernahm und sich mit diesem besonderen Gebäck die Kundschaft zu sichern gedachte. Da die Zuckermännle bei Erwachsenen und Kindern rasch beliebt waren, folgten seinem Beispiel auch andere Stadt- und Dorfbäcker. Und als das anfangs geheimgehaltene Rezept unter den Leuten bekannt wurde, buken auch Hausmütter in der Röhre ihres mehrstöckigen gußeisernen Küchenofens sich und den Kindern zur Freude die kleinen Gebilde. Emil Schuster erzählt darüber: „Die Herstellung dieses Gebäcks war für meine Mutter die höchste Leistung ihrer Backkunst und für uns Kinder das süßeste Vergnügen des ganzen Jahres. Was wäre uns Weihnachten gewesen ohne Zuckerbäckerei . . ."

Der Teig besteht aus den einfachsten Zutaten, nämlich aus Mehl, Eiern, Wasser und Milch. „Auf die richtige Mischung kommt es an", das sagen die darin Geübten und setzen hinterdrein: „Wer sie nicht kennt, der hat beim Backen seine Not!" Als Treibmittel dient Hirschhornsalz. Aus dem Ganzen wird ein rollfähiger Teig geknetet. Ist er dünn ausgewalzt, werden mit dem „Firmer" unterschiedliche Figuren ausgestochen. „Firmer" sind vom Klempner, der im Vogtland „Flaschner" heißt, aus Weißblech hergestellte Ausstechformen. Oft waren sie im Dorf nur einmal vorhanden, wie in Gunzen. Dort lieh man sie sich beim Bäcker aus.

Die Motive der Firmer sind verschieden und entstammen den Arbeits- und Lebensbereichen der Dorfbevölkerung, müssen einfach sein und sich auch gebacken noch erkennen lassen. Unter ihnen sind Nachbildungen von Sternen, Herzen, Bäumen, Handkörben, Trompeten, Brezeln, Schlüsseln, aber auch Männlein, Weiblein und Reiter. Auf überlieferte Sinnbilder zurückgehend, sind auch Hasen, Schweine, Hähne und Vögel darunter.

Ausgebacken sollen die Figuren schön mürbe sein, jedoch noch von weißer Farbe. Nach dem Erkalten werden sie abgebürstet, damit beim Bemalen die Farbe nicht ausläuft. Dann setzte sich die ganze Familie, von den Großeltern bis zu den Enkelkindern, an den Tisch, um sie mit roter, grüner und seltener

gelber Farbe zu bemalen. Dabei hatte jede Familie ihre Eigenheiten. Die eine bemalte die Figuren mit Punkten und Strichen, die andere mit Kringeln und Wellenlinien. Ein paar ausgesuchte Exemplare erhielten ein kleines Sprüchlein. Auf einem Herzen ist zu lesen: „Wandle auf Rosen", auf einer Trompete: „Die Post im Walde". Manchmal klebte man auch kleine Bilder auf sie, sogenannte „Reimle", wie: „Das Liebste auf der Welt man hoch in Ehren hält!" oder „Schöne, umarme mich, Dich alleine nur liebe ich!"
Früher putzte der obervogtländische Bauer seinen Baum mit drei Dingen: mit Äpfeln und Nüssen aus dem eigenen Garten und mit selbstgebackenen oder gekauften Zuckermännle. Denn ging es auf Weihnachten zu, kamen hausierende Zuckermännlefrauen, die ihre Ware aus dem Tragkorb feilboten. Bekannt war der Klingenthaler „Zuckermännle-August". Aus Werda kam die Frau des Bäckers und bot ihre Zuckermännle vor allem auf den Märkten zum Verkauf an. In Plauen z. B. wurden die Zuckermännle auf dem Weihnachtsmarkt aus großen, mit Blech ausgeschlagenen Kisten verkauft.
Die vogtländischen Zuckermännle sind rar geworden. Wer welche erwischen konnte, hütet sie für die Weinachtszeit. Denn in einer Glas- oder Blechbüchse überstehen sie viele Jahre und können immer wieder neu als Baumschmuck dienen.

*

Der vogtländische Lichtträger in der Weihnachtszeit ist der Moosmann, in der heimischen Mundart „Muestmoa" oder „Muestmännel" geheißen. Er gilt als Vetter des erzgebirgischen Lichterbergmanns. Wie das bei Vettern ist, stehen auch beide in Eintracht beieinander. Schließlich war das obere Vogtland einstmals Bergmannsland mit eigenen Bergämtern, und mancher Vorfahre der Heutigen ein Bergmann.
Der Moosmann ist lange nicht so gravitätisch wie der seiner Würde bewußte Lichterbergmann, der, oft lackglänzend und immer im Berghabit, zu repräsentieren vermag. Ihn „Bergmännel" zu nennen, wäre unter seiner Würde. Der Moosmann ist auch nicht so berühmt und weitverbreitet wie sein erzgebirgischer Vetter. Am Alter werden sich beide nicht viel nehmen.
Dem vogtländischen Lichtträger haftet der Ruch nach Wald an, nach Harz und Holzmacherfeuer. Direkt aus dem Wald kommt er in die vogtländischen Weihnachtsstuben. Denn auch heute haben die Vogtländer ihr enges Verhältnis zum Wald.
Mancher vogtländische Moosmann ist auf die heutige Generation überkommen, ererbt wie eine alte Truhe, ein Kaffeegeschirr oder eine Pelzmütze. Bis in unser Jahrhundert stellten sich die Vogtländer ihre Moosmänner selber her. So ist dann der eine oder andere „is aanzige Agedenken" an den Großvater oder Urgroßvater und für die ganze Familie heilig.
Das Kernstück eines Moosmannes ist der „Bankert", ein einfaches Holzgerüst. Der aufgesetzte Rumpf gleicht einer Docke, an die man mit Leim oder

„Der vogtländische Lichtträger in der Weihnachtszeit ist der Moosmann . . .“

Stiften die Arme anbringt und die Beine einfügt. Sollen Hände und Füße nach etwas aussehen, läßt man sie sich von einem Schnitzer anfertigen, vielleicht auch den Kopf, will man sich nicht mit einem aus Porzellan oder Zelluloid abfinden. Der Anzug ist aus dünner Pappe, auf der eine Schicht Moos aufgeklebt wird. Das holt man vor dem Schneeeinbruch aus dem Fichtenwald. Spätestens seit dem Pilzesuchen weiß man, wo besonders schönes wächst. Nur Bequeme machen sich's leicht, färben Sägespäne und täuschen Echtheit vor. Seit langer Zeit gibt es auch geschnitzte Moosmänner. Vor allem die Schnitzer von Falkenstein und Umgebung entwickeln darin eine Meisterschaft.

In der einen Hand trägt der Moosmann eine Kerze, in der anderen eine Rute. Statt des Lichtes kann es auch ein kleiner Drehturm sein, ein Schwibbogen oder Christbaum.

Wann exakt die Moosmänner in die vogtländische Weihnachtsstube kamen, ist nicht bestimmbar. Auf alle Fälle war der Moosmann weit früher populär, als er lichttragend aufkommt. Schon 1780 haben sich zum Gregoriusfest Primaner und Sekundaner in einer vogtländischen Stadt als Moosmänner verkleidet. Die früheste Moosmannfigur wird in einem langen Gedicht 1840 von Friedrich Eimert beschrieben. In ihm beklagt sich der Moosmann selbst, daß er zwei Jahre lang unbeachtet unterm Dach in Gesellschaft von allerlei Ungeziefer zubringen mußte.

Von einer Falkensteiner Weihnacht um 1860 weiß man, daß ein Moosmann unterm „Weihnachtszeug" war. In einer anderen Nachricht von 1867 heißt es: „. . . sie verfertigen in Reichenbach Moosmänner um sie auf dem Christmarkte feilzubieten." Und Köhler, der das berichtet, fügt hinzu: „Diese Moosmänner sind vielleicht die Überreste der Sage von den Moosleuten, Männlein und Weiblein, um und um mit Moos bekleidet, die von den wilden Jägern nachmittags und nachts gejagt werden und nur auf Stämmen Ruhe finden, in welche beim Fällen drei Kreuze gehauen waren."

Der eigentliche Aufenthalt des lichttragenden Moosmannes ist die Fensterbank, damit er hinaussehen kann auf Straßen und Plätze. Ganz dem wilden Jäger zum Trotz, der ihm in der Wohnung der Menschen nichts anhaben kann. So heißt es: „Der Moosmann sieht alles, hört alles, doch bleibt er zu allem stumm!" Und die Kinder singen:

> Muesmoa, sog: Wist bei uns bleibn?
>   Wist bei uns bleibn?
> När suelang Weihnachten is,
> noochert giehe iech hamm gewiß.
>   Ja, ja, ja, ja.
> När suelang Weihnachten is,
> noochert gett's hamm gewiß.
> Eija, nuja . . .

Zum großen „Weihnachtszeug" der Vogtländer gehört neben dem Christbaum, einer mannshohen Fichte aus dem heimischen Wald, die Drehpyramide, im Vogtland „Drehturm" geheißen.

Die Schnitzer und Bastler des Südostvogtlandes gehören wie die aus dem Erzgebirge zu den Pyramidenbauern. In der Vorweihnachtszeit sitzen die Männer oft bis in die Nacht hinein, soll ihr Drehturm, von aufsteigender Kerzenwärme getrieben, seine Runden drehen.

Auf dem Reichenbacher Markt boten Kinder zum Kauf kleine Pyramiden an. Das waren Gestelle aus Holzstäben, mit Moos und Buntpapier umkleidet und mit Tüllen versehen, in denen Kerzen steckten. Derartige Pyramidengestelle waren auch in anderen Gegenden üblich. Sie sind die Vorläufer der Drehpyramide, die wahrscheinlich im Erzgebirge zuerst gebaut wurde. Von hier kam die Idee ins Vogtland. Schnitzer und Bastler fanden die vogtländische Variante, den Drehturm.

Ob er schon früher vorkam, bleibt ungewiß. 1860 wird von einem Drehturm berichtet, inmitten eines Paradiesgartens. Das war ein nachgestalteter Kirchturm. Mitten durch ihn verlief eine Welle mit Scheiben und Figuren darauf. Über dem Turm drehte sich der eigentliche Antrieb, das Flügelrad. Vorbild dafür waren Kirch- oder Rathaustürme. Später entstanden in ähnlicher Weise kleine Häuser, die „Drehhäuser".

Im östlichen Vogtland ist der „Walddrehturm" daheim. Bei ihm bildet ein Fichtenstamm die Achse. Die Äste des Baumes tragen die einzelnen Stockwerke. Nahe beim Drehturm steht meist eine Futterraufe für das Wild. Bei der Bestückung der Scheiben beschränkt man sich auf die Nachbildung der Menschen und Tiere des Waldes. Der Begriff „Drehturm" wurde später verallgemeinert und auf alle Vierstab-, Kauen- und Baumpyramiden übertragen.

In der Regel baut man Drehtürme aus zurechtgesägten und gedrechselten Hölzern. Getreu dem Satz: „Mit was man umgeht, das hängt einem an!", ließen es sich Blechblasinstrumentenbauer im vogtländischen Musikwinkel nicht nehmen, Drehtürme aus Blech herzustellen.

Für alle Drehtürme ist typisch: Die auf die Teller gestellten gedrechselten oder geschnitzten Figuren entstammen der unmittelbaren Umwelt ihrer Schöpfer, das sind Pilz- und Reisigsammler, Förster, Handelsleute, Bergaufzüge, Soldaten oder Szenen aus der biblischen Geschichte.

In den letzten Jahren rückten viele oft meterhohe Pyramiden hinaus ins Freie und stehen vor Schulen, Rathäusern und auf öffentlichen Plätzen und ergänzen den lichterbestückten Weihnachtsbaum und die Weihnachtsillumination in den Fenstern der Wohnhäuser. Diese Ortspyramiden verkünden auf ihre Weise die Weihnacht.

Inhaltsverzeichnis

Sachsens „grünes Herzstück" stellt sich vor 5

Die alte Residenzstadt Greiz 11

Durch das „Steinigt" nach Elsterberg 17

Reichenbach, Geschichten und Geschichte 22

Vogtländische Brückengiganten... 27

Rund um die Plauener Johanniskirche 35

Pausa, der „Mittelpunkt der Erde" 41

Das Burgsteingebiet und Hermann Vogel 46

Aus der vogtländischen Sagenwelt 52

    Der wundersame Ahornbaum zu Stelzen 52

    Pumphut in der Burckhardtsmühle 53

    Das Holzweibchen im Schönecker Wald 54

    Der Teufel als Fuhrmann 55

Oelsnitz, die „Stadt der Erlen und der Perlen" 57

Vom Dreher, Rutscher und von vogtländischen Kirmestagen 62

Adorf am Fuße des Elstergebirges.. 67

Die berühmten und weniger berühmten vogtländischen Mineralquellen ... 73

„Mahlzeit – Spalken!".. 80

Der Dichter Julius Mosen aus Marieney................................. 84

„Schönberg – ohne Wartezeiten".. 89

„Wie freue ich mich, den Donner über dem vogtländischen Granit zu hören!" ... 95

Schöneck, des Vogtlandes „Schnee-Eck".............................. 100

Walddörfer am Schneckenstein.. 108

Von Harzern, Rußbrennern und Pichern 115

Rund um die Rodewischer Schloßinsel 121

Zuckermännle, Drehturm und Moosmann 127

In gleicher Ausstattung liegt vor:

Manfred Blechschmidt

Erzgebirge – Sachsens silbernes Bergland

Ein Landschaftsbuch

127 Seiten, zahlreiche, teils farbige Abbildungen
broschiert

Das Erzgebirge, zwischen Sachsen und Böhmen gelegen, ist eine Landschaft mit vielen Gesichtern. Wohl jeder kennt das „Weihnachtsland" Erzgebirge mit seinen typischen Erzeugnissen – den Schwibbögen, Pyramiden, Räuchermännchen, Nußknackern und Weihnachtsengeln. Daß es daneben aber auch reizvolle Wintersportgebiete und Deutschlands höchstgelegene Stadt, Oberwiesenthal (914 m) am Fichtelberg, aufweist, daß es durch den Erzbergbau viele Menschen ernährte und die Heimat des berühmten Orgelbauers Silbermann und des Komponisten Robert Schumann war, daß Goethe dort eifrig den Bergbau studierte, das alles beschreibt der Autor in kurzen Abhandlungen, die den vielseitigen Charakter des Erzgebirges widerspiegeln. Die geschichtliche Entwicklung und die Beschreibung der Städte fehlt dabei ebensowenig wie Betrachtungen über den Dialekt und die einheimische Küche, so daß der Leser ein facettenreiches Bild vom Leben und von der Kultur der sächsischen Erzgebirgler gewinnt.

HUSUM HUSUM DRUCK-
UND VERLAGSGESELLSCHAFT
Postfach 1480 · D-25804 Husum

Über das Vogtland liegt vor:

Sagen aus dem Vogtland

Herausgegeben von Herbert Feustel

61 Seiten, broschiert

Aus alten Quellen und aus mündlichen Überlieferungen trug der Herausgeber über siebzig Sagen zusammen, die sich die Menschen in vergangenen Jahrhunderten im Vogtland erzählten. Wir hören von der Winselmutter und vom Wassermann, von der Wiesenjungfrau und vom Wundergarn. Der Hehmann schreckte sie, der Hausgeist Heugütel half ihnen, oder der Müllerbursch Pumphut narrte sie. Aber auch unter dem Dreißigjährigen Krieg oder unter der Pest litten die Menschen im Vogtland, dem südlichsten Teil von Sachsen nahe der Grenze nach Böhmen. Zahlreiche Sagen sind aus Plauen, Oelsnitz, Klingenthal oder Schöneck überliefert, um nur einige Orte zu nennen. Doch wird das Vogtland in der vorliegenden Sammlung nicht streng auf Sachsen begrenzt. Die Landschaft reicht nämlich mit ihrem Vorland nach Ostthüringen mit Ebersgrün, Pausa und Thierbach und in den südlichen Teil des Landkreises Zwickau hinein. Im Anhang findet der Leser auch einige Anmerkungen, in denen schwer verständliche Passagen erläutert und Parallelen in der Sagenliteratur genannt werden.

 HUSUM DRUCK- UND VERLAGSGESELLSCHAFT
Postfach 1480 · D-25804 Husum